長女病

“

我們不是天生愛扛責任，
台灣跨世代女兒的故事

”

張慧慈 著

目錄

各方推薦

藍佩嘉（台大社會系教授）

這本書是父權家庭的鬼故事，跨世代、跨階層的長女們，有做不完的照顧勞動，小時候照顧弟妹、成年照顧弟妹的小孩、中年照顧年邁的父母，職場還要照顧任性的同事。她們不是天生充滿責任感，而是社會把照顧堆在女人肩上，長女來不及做個孩子，就要進入照顧鏈裡補位。長女要愛自己，不能只是買珍珠，得打掉父權違建、排序迷思，讓家人攜手做照顧的夥伴。

洪仲清（臨床心理師）

關心原生家庭議題的朋友，很容易就能注意到，我們文化中長女的委屈與眼淚。

尤其如果家裡子嗣眾多，甚至父母或祖父母病重，長女經常是優先被犧牲的對象。從小便失去童年，要照顧弟妹、長輩，甚至弟妹如果犯錯，長女還要被連坐處罰，說是沒有做好模範、沒有教好弟妹——父母藉此直接甩鍋自己的教養責任。很感謝小花媽願意碰觸長女議題，這對長女會是很珍貴的同理！

羽茜（作家）

理想上，父母要一視同仁地愛著每個孩子，但長女多半不被當成孩子而是父母的助理，甚至是代理，父母要她們分擔家裡的經濟重擔，還有一輩子照顧父母和弟妹的責任。這本書能讓你看見長女在家庭裡的辛酸和奮鬥，也指出了這種家庭結構有社會文化的背景，相信能讓身為長女的讀者產生共鳴，覺得自己的孤獨被理解了。

蔡宜芳（諮商心理師、親職教養作家）

幾年前我在精神科住院病房服務時，有個憂鬱症的中年女性哀傷地跟我說：「我是家中老大，家裡很窮，又有五個小孩。我小學四年級就沒有再繼續念書了，因為我媽說，女生不用念那麼多書。我去工廠、養雞、幫傭，所有能做的工作我都做過。

「回到家我要煮飯，因為弟弟在哭，我只能背著弟弟煮飯，所以我的背是歪的，要去開刀……弟弟妹妹都念到大學畢業，弟媳還嫌我沒讀書很多事都不懂，我聽了心裡好難過……我覺得我一輩子都在為家庭付出，沒有為自己活過……。」

「親職化兒童」（parental child）指孩子成為「小媽媽」，在家中得承擔更多家務、照顧弟妹，有些甚至中斷學業、打工賺錢幫忙還債，或需要照顧失能的家長（如生病臥床、酗酒）。

這些人常常是家中的長女，當她們成為家中的小小支柱，讓大人感到無比安慰。在華人文化中，親職化兒童反而可能被讚揚、肯定，像是被讚美「很孝順」、「長姊如母」。這樣的孩子可能因此得到家人的認同、肯定甚至是依賴，但大人卻往往忽略了他其實還是個孩子，他也有被照顧的需求。

孩子身心發展未成熟的狀況下，被迫提前長大，承擔超過自己所能負荷的壓力，導致這些孩子長大後，可能時常忽略自己的需求、習慣壓抑情緒。謝謝作者寫了這本好書，希望長大後的長女們也能透過這本書，多替自己想一些，把自己愛回來。

海苔熊（Podcaster）

小年夜完食《長女病》，胸口有種悶悶的感覺，內心想著這個長長的過年，不知道又有多少家庭的代間衝突要上演。

跟著作者張慧慈的文字，一點一滴就像進入好多個家庭的現場。那些從小就默默不被期待，但是又不斷背負責任的女兒（不一定是長女，也可能是家中其他手足與性別），讓我想起身邊好多熟悉的面孔跟故事，以及他們身上背負的種種枷鎖：

- 童年時期還沒當過小孩，就被逼迫像父母一樣照顧年幼的弟妹。
- 長大之後要扛起家裡的經濟開銷。
- 三十多歲要面臨傳統刻板印象的壓力：「結婚的女人才有價值」，如果真的結了婚，職場卻又喜歡不生的女性；如果不婚不生，也不一定能夠快樂往生，因為除了容易成為照顧年邁父母的當然人選，也可能因為高學歷高收入，而成為已婚手足的「當然後備支援部隊」，必須幫忙照顧他們小孩。
- 四十多歲以後，又被預設為「公婆家還有自己家兩邊的長照預備軍」。

當我越看越悶的時候，沒想到書的結尾露出一線曙光！其實照顧本身不是問題，問題在於有沒有愛。有愛無礙，那些委屈如果能夠被表達、被看見、被照亮，關係的小船就有機會開往不一樣的彼岸。

傷口的重量不一定會成為眼前的光芒，只有在你願意開始承認且理解自己所遭逢的，並且具體付出行動、做出和以往不同的行為（例如不反應、說出口或找手足協商等等），不再當個「聽話懂事的小孩」，那些你在職場上所遭受的霸凌、在家庭照護上所面臨的不公平，才有翻身的機會。

看完這本書之後，又更進一步了解所謂的「弱弱相殘」，每一個把淚水往肚裡吞的女人，背後一定有一個滿身是傷扛下一切的女人。但受害者的敘事並不是唯一的途徑，從今天起，願你我都能夠從「長女病」當中逐漸痊癒，看見自己，就算不用那麼拚命努力，也值得和生命當中所有的幸福美好相遇。

作者序

長女就不能做自己？

在我們父母那個年代，家喻戶曉的電視劇《阿信》，感動了許多人，它闡述了日本傳統家庭下女性的堅毅與悲情，印證很多亞洲女性的經驗。

在《阿信》劇中，有個令人印象深刻的角色——她的大姊。阿信的大姊從小就到紡織廠工作，所得全部用來支撐家中的一切。她在工作期間，由於過度勞累以及沒有獨立居住的寢室，而遭室友傳染肺結核，病情嚴重到必須送回家。

由於是女性，加上肺結核在二次大戰前的日本可以說是絕症，她被驅趕至環境惡劣的柴房居住。她深愛家人，也深知自己的時日不多，因此她鼓勵妹妹勇於追求自我；然而，她對自己的愛情則小心翼翼，因為家裡還需要她的收入養家，她想著弟妹長大了，她就可以追求自己的愛情了；但最終，她的盼望卻只能跟著她的不幸一起長眠。

我跟母親都非常愛看《阿信》，不管重播幾次，都會不由自主地停留在播放的頻道，默默地看完。因為我們都覺得，阿信就像是我們的人生，即便我跟我媽相差了二十幾歲，但我們卻有如此多的相似之處。

我的母親是家裡第一個小孩，我自己也是，同為長女的我們，有差不多的童年。在家中，我們都被賦予期待，要當弟弟妹妹的榜樣；當家裡需要幫忙時，首先想到的都是長女，也是就是我們。無論是經濟上或是精神上的問題，長女永遠都要承接起來。

身為長女，我們對上要體諒爸爸媽媽工作的辛苦，要幫忙維持家中的整潔，在父母出外做工時，要維持家中基本的運作；對下要照顧弟弟妹妹，做手足的榜樣，最好還能扮演父母的角色。同樣只是個孩子，但長女總是要出類拔萃，又能體恤父母，還要操持家業。

我是如此，我身邊也有許多人是這樣。

當大姊好累，沒有一天屬於自己

我有一個姑姑是長女。她在車禍送醫時發現罹患胰臟癌，短短半年就過世了。她在世的短短三十幾年間，沒有談過戀愛、沒有結婚成家，她很早就去紡織廠工作，幫忙爸媽拉拔弟妹長大，「自願」留在家中照顧父母。

姑姑擔心家中無後，過繼了妹妹無力撫養的孩子作為乾兒子。姑姑照顧著父母與外甥，不只肩負起女兒常被賦予的照顧角色，並且因為認了外甥為乾兒子，象徵著為家裡「誕下」一個繼承人。因此，從那時候開始，姑姑連兒子的責任也要盡。像是在傳統社會中，兒子支撐家裡的開銷，婚喪喜慶代表父母出席，逢年過節也要操持大小事務。從我有記憶以來，姑姑從來沒有離開過北港。

過世前，姑姑來了一趟台北，像是要跟所有的親朋好友告別，她告訴我們，她覺得當大姊好辛苦，沒有一天屬於自己，如果下輩子有機會，她好想什麼都不管地放飛自我。

我問姑姑，為什麼她很喜歡我二妹？姑姑說，她很羨慕二妹活得很自由奔放，那是她夢寐以求的生活方式，也希望身為長女的我要多為自己著想。

「阿慈，你做大姊一定比較累，但不要像我一樣，弟弟妹妹長大後，還把自己綁在家裡。你要多出去走走看看，你那麼會讀書，你長大後會知道姑姑在說什麼，知道嗎？要多為自己想。」

當我聽到姑姑這麼說時，我開始思考姑姑是因為身為長女而無法做自己嗎？那我呢？過了一個世代，身為長女的女性還背負一樣的社會期待嗎？

我想了想，覺得答案好像是「yes」。因為我跟姑姑都是出身農工階級家庭，家裡都有重男輕女的父親，也都是第一個出生的女兒，所以，姑姑才會希望我不要步上後塵，變成像她這樣為家庭犧牲奉獻的人。

我看著她因為癌症侵蝕而瘦削到形容枯槁的臉，有點害怕，怕自己跟她一樣。

後來，姑姑就過世了。

長女比較不能做自己？

我謹記姑姑的遺言，認真念書。對於底層階級的孩子來說，讀書是翻身成本最低的方式，只要我上大學，出社會就能找到坐辦公室的工作。有穩定的收入，就不一定要踏上結婚生子這條路，也能夠有底氣爭取很多事情。

後來，我如願以償上了好的大學，接觸了社會學，了解了階級、社會結構、性別等概念後，我覺得姑姑跟媽媽的處境，不只是因為我們出身底層，還因為我們都是女生。然而，只因如此嗎？

在我升大三時，幾個要好的同學一起聊天，赫然發現我們八個好朋友當中，只有一個人不是長女。這時候，一個朋友就說：「難怪你總是跟我們不太一樣，比較做自己。」

我常常在想，為什麼我、媽媽、姑姑，以及我的長女朋友們，會覺得「比較不能做自己」？甚至我跟長女朋友聊到我們在家中的角色時，常常出現犧牲、聽話、是爸媽最好的幫手這樣的形容。我們來自不同階層的家庭，卻同樣都是長女；有趣的是，我們長大後，各自走出了不一樣的人生和家庭關係。

長女病不是天生的，而是社會造成的

為了探究上述問題，我寫作了這本書。在書寫過程中，我觀察了身邊不同世代、不同階層的長女。我發現不同世代的長女，同樣都被賦予了「照顧、乖巧、聽話」的角色定位，而這樣的定位，或者我們稱為的標籤，也讓這群長女不只在原生家庭，而是到了校園、職場、婚後的家庭，甚至是父母的老後照顧上，也都延續了這樣的角色定位。

除此之外，本書也關注非長女的女性。在這些人的家庭中，若是長女無法扮演社會期待的角色時，被迫頂替那個位置的她們，行為模式也幾乎符合社會對於長女的要求與想像。由此，本書將呈現女性從過去到現在於家庭中扮演著怎樣的重要角色；而到了當代，這樣的「責任」，仍然需要這類女性去承擔，特別是「照顧」這件事情，更是接下來超高齡化社會，所亟需面對的現實。

本書將透過不同女性故事，展現社會對於家庭想像的輪廓，及其延伸至各種場域（如職場、家庭、照顧現場）的樣態，並分析為什麼社會需要這些角色，以及女性如何在現有困境下，突破現狀，走出自己的路。

本書最後，我也試圖為看似堅不可摧、由家庭排序造成的不平等與僵化的角色關係，提出解方。期待閱讀本書的讀者，能夠從中找到自己的角色，並且為自己、為深陷在該角色無法自拔的人，提供協助，讓她們得以改變現狀。

我希望我的母親、我的姑姑、我自己，以及像我一樣的人，有一天可以明瞭，身為長女，不是原罪，而是在兄弟姊妹中最先享受世界的幸運女性。

CHAPTER 1

你是大姊，就要做好榜樣

小時候，我跟妹妹讀同一間幼稚園，幼稚園老師每天早上都會從校園出發，一一到家裡接小朋友走路上學。每天早上七點，媽媽就會把我叫醒，我自己刷牙、洗臉、準備書包，出來客廳後吃個飯，大概七點四十分媽媽就會帶我到樓下，等老師來接我。

老師能接到的永遠只有我，因為妹妹總是睡過頭，每次都是媽媽騎摩托車載妹妹去幼兒園。當我對媽媽提出，也想被她載去幼兒園上課時，媽媽總是說我不懂事。

直到現在，我還是會跟媽媽抱怨這件事情，說她都嚴以律我，寬以對待弟妹。而媽媽總是說：「你是大姊，要做好榜樣。」

一句「你是大姊」，後面接什麼好像都沒有不合理。

我是一九八八年，出生在新北市的小孩。爸爸是土木工人，媽媽最早是美髮師，後來改作電子工廠的作業員。我是家裡第一個出生的小孩，後面還有三個弟弟妹妹，一個是小我兩歲的妹妹，另外分別是小我五、六歲的弟弟及妹妹。

爸爸跟阿公都重男輕女，因此，從小我就知道，女性在我們家族的地位不高。家中所有資源，都圍繞著男性而分配。作為姊妹的我們，也時常被耳提面命，小時候要幫忙照顧弟弟，長大後要幫襯弟弟，以後弟弟無論娶妻生子或是做什麼事情，姊妹都要幫忙。就像姑姑們之於爸爸一樣，那也是我們被設定的道路。

其中，作為長女的我，受到更多的要求。

我要做好榜樣、要學會更多生活技能、要能夠了解爸媽的辛苦。表現在生活上就是：當個聽話的好小孩，在爸媽出去工作的時候，幫忙照顧弟妹、做家事、準備餐點，好讓弟弟妹妹得以正常生活。爸媽辛苦工作回家時，也要「有眼色」地端茶倒水，並且承受爸媽的壓力及抱怨。這是身為大姊的責任，因為爸媽在外打拚很辛苦，所以做大姊的，要「長姊如母」，才能讓爸媽安心，這也是我們存在的意義。

於是，我要認真讀書、要學會做家事、要帶弟妹去玩，只要稍有差池，就容易被處罰，可能是被抽幾下水管，或是罰半蹲，而闖禍的弟妹，只要被罵一下，就可以去玩、去休息。

我印象中的爸媽，都是生氣或苦悶的表情，而我每天都要判斷他們今天發生什麼事情、工作是否哪裡不如意，但他們在弟妹面前，多半是笑嘻嘻的。尤其平常對我總是惡言相向的父親，在面對其他妹妹時，也常帶著笑容，問她們今天有沒有乖，同時卻問我今天為什麼沒有洗他的茶具。

小時候的我不懂為什麼，只知道若想在這個家生存，我必須更努力討好父親或家中的父執輩，不然我在這個家裡可能隨時會失去容身之處。後來，我觀察到大姑姑、媽媽也都有慣性討好的行為，而我身邊排行長女的朋友、同學、同事，也都有相同的情況，她們總是盡可能滿足他人提出的要求。這讓我不禁好奇箇中原因究竟為何。

I 長女的社會性意義

長女，作為家中第一個出生的女性，有其特殊意義。即使是重男輕女的家庭，也不一定所有女性都被賦予照顧家庭、分擔父母壓力（甚至是情緒壓力）的責任。這樣的角色，幾乎落在長女身上。這樣的情形，也多半發生在農工階級。

傳統農業社會需要大量勞動力進行農作，在這樣的背景下，男性相對女性是更重要的勞動力，農村的女性多半在家中照顧家庭。雖然女性在農作中也扮演了補充勞動力的角色，像是插秧、種植蔬菜、養雞鴨等工作，但農作還是以男性為主，其他附加的農忙工作，雖然有其必要性，但比較不被賦予重要的地位。

進入工業社會後，男性的工作多半為體力勞動的重工業，而進入工廠的女性，則多為紡織、組裝等輕工業。農工家庭中，會將排序較前的女性放入勞動市場，賺取更多家庭所得，原有的農忙家務，則由家中其他女性接手。

那些進入工廠的長女，她們的所得多半回饋給家庭，不只用來拉拔家中男性，更應該說是拉拔家中所有孩子，讓他們得以接受比較好的教育。而當家中經濟負擔告一段落時，長女通常因為學經歷不高，在工作、婚配上擁有較少的選擇，容易複製原有的家庭狀態。

這些出身藍領家庭的長女，透過成長經驗形塑的自我認同，是以貢獻家族利益為優先。在這樣的教育下，無論已婚或未婚，也不論教育程度高低，她們都會想方設法援助家庭，使弟妹過上更好的日子。

藍領家庭的長女多半比其他手足的教育程度低，她們很早就出社會工作。很多討論都強調，女性在取得經濟自主權後，能夠捍衛自身權益，但在重男輕女的父權體制陰影下，這些女性的經濟能力，多數只用來補充家族在經濟上的不足。學者龔（Lydia Kung）在台灣從事田野調查的結果顯示：「離家工作未必帶給單身女工獨立與自主，她們仍然面對婚姻、孝親的壓力，薪資多用來滿足父母、兄弟的財務需求。」[1]

出嫁的女兒必須兩面討好

長女的特殊境遇也是父權社會的產物。工人階級研究顯示，孩子經常作為家中財產的展現。傳統家庭中，女性在未出嫁前的功能是照顧弟妹、料理家務、出外賺取收入補貼家裡，然後出嫁。因此，能不能嫁出去，成為一種價值評斷。在我接觸到的經驗中，很多長女早早投入勞力密集為主的工作，環境多為女性，鮮少有男性成員，因此相較於家中其他順位的女性，長女多半較難透過自由戀愛找到對象，她們沒有環境，也沒有時間。

胡幼慧在《三代同堂：迷思與陷阱》研究中指出，傳統中國家庭中，父母與女兒的關係既暫時又微弱，出嫁的女兒已是「別人的」。[2]類似的觀察，也可從白居易的詩作中讀到：「拜別高堂日欲斜，紅巾拭淚貴新花。徒來生處卻為客，今日隨夫始是家。」[3]詩中描述女性出嫁後，她在原生家庭的角色就從家中的女兒變成嫁出去的客人，以後丈夫的家才是她的家。

由於出嫁的女兒在娘家只是客居狀態，導致女性必須兩面討好，討好夫家讓自己能夠安身立命，也要持續討好娘家給自己一個「後頭厝」，如此才不會被看不起，也向夫家彰顯自己還是有後盾的。

隨著台灣社會的發展，女性的教育程度越來越高，也動搖了傳統家庭的想法與做法。蔡沛婕在〈嫁出去的女兒，潑出去的水？？？〉研究中，[4]分析了台灣女性地位及職責的改變，並引用研究發現，台灣都市內中等以上教育程度之職業婦女，「不論婚前或婚後，往往都竭盡所能將所得拿來幫助家庭生計、幫助兄弟姊妹升學甚而資助兄弟創業」。[5]這也印證了縱使女性擁有經濟能力，或是已經脫離原生家庭，很多女性還是會在經濟上挹注原生家庭，或是在原生家庭需要時伸出援手，來為自己鋪一條後路。希望自己若在夫家遭受不合理待遇，甚至要商議離婚時，娘家的人可以相挺，或可把娘家當作退路。這樣挹注原生家庭的方式，就像買個護身符一樣，但並不能真正獲得保障。我觀察到更多的是，若長女不提供協助，反而會招致原生家庭的怨懟與漠視。

援助原生家庭，就像買個護身符

我印象非常深刻，我的姑姑們很早就結婚了。婚後，她們常常邀請其他兄弟姊妹的孩子一起去玩，逢年過節的禮品也從不缺席；就連阿公生病時，她們也會抽空來幫忙照顧。阿公過世後，留下了一筆包含田產、房產以及存款的遺產。照道理說，所有小孩皆有繼承權，阿公也未留下遺囑說只留給我父親。然而，在討論遺產歸屬時，原本緊密相連的爸爸與姑姑們，分別站在桌子的兩側，而爸爸只說：

「我是家中的男生，阿爸留下來的遺產，按照往例應該都是我的。法律是法律的規定，在我們鄉下，就是沒有女生回來分家產這條法律。如果你們想要像讀書讀到頭殼壞掉的孩子說的一樣，覺得女生也有權力分家產，我也會分，但是你們也要知道，分了，以後就沒有娘家了。看你們怎麼決定。」

接著，爸爸跟叔公們坐下來，而從來都有話直說、維護自己利益的小姑姑，在那一刻，也在大姑姑的眼神暗示下，喃喃自語地說了一段話，然後就沒有了，沒有要分家產，也沒有要爭取權益，因為對她們來說，有娘家，比什麼都重要。而我們這群孩子在學校受到的進步教育，回到原生家庭裡，成了讀書讀到頭腦壞掉的象徵。因為我們跟傳統社會的想法有出入，縱使法律保障女兒的權益，也不見容於傳統社會。

2 為家族利益貢獻的女人

長女習慣承擔責任，並不是天性，而是後天養成的。

《香港經濟：非經濟學讀本》一書提到：「女兒於很早的階段便被教導需要為家族的利益做出貢獻，甚至要完全認同家族的理想及生存。例如，女兒要協助母親照顧幼小、料理家務、做外發工以幫補家計。當家道中落的時候，女兒甚至要負擔起改善及振興家庭經濟的重任。」[6]透過家庭教育的諄諄教誨，形塑出女兒為家中犧牲奉獻乃是天賦職責。

這裡的女兒，多半指的是長女。作為第一個出生的女兒，在傳統社會中是補充勞動力的暫時存在，通常被期望在長大後出外工作，賺取收入補貼家裡。因此，當長女擁有經濟能力後，往往期待她轉頭拉拔弟妹，而非優先改善自己的狀態。換言之，家庭教育或隱或顯都在培育可以永恆為家庭付出的長工——也就是長女。

書中也提到：「藍領家庭的長女一屆成年，便需要出外打工，將四分之三的工資交回父母，以補助父親不足以餬口的工資，並同時供養年幼弟妹——特別是弟弟讀書。」長女年幼時，必須在家幫忙料理家務，協助母親照顧家庭；長大後能夠賺錢了，便出外工作協助改善家計，以利家庭整體經濟狀況的改善。

同為女兒，長姊與妹妹大不同

不過同為女兒，妹妹與姊姊的處境卻大為不同，「隨著社會經濟的改善，年輕的妹妹卻可以享有比長女更大的自由及接受更多的教育」。[7]在很多電視劇、書籍中，我們常常可以看到這樣的情節，但那不只是戲劇，更多的是真實人生。

我有一個同住新莊的大學同學，未婚的她，時常在假日回家幫忙家中生意；妹妹成家立業後，她也替妹妹照顧小孩。我和她聊天的過程中得知，其實她對於父母比較重視弟弟妹妹是有怨氣的。從小到大，舉凡家務責任的分配、求學時父母給予的生活費，進而到出社會後，父母對子女額外的經濟索求等等，她都明顯感到自己與弟弟妹妹的差別待遇。

這位朋友常常跟我說，小時候在家裡，她總是要負責照顧弟妹的衣食起居，讓開店做生意的父母無後顧之憂；到了國中，她一放學便要幫忙家裡的生意，而弟弟妹妹則可以跟朋友出去玩。

最讓她委屈的是，同樣作為女兒的妹妹，能夠獲得出國留學的機會，而自己明明考上更好的學校，卻被父母勸說家中經濟負擔重，妹妹念的科系比較有前景，結果我這位朋友連研究所都沒考，就踏入了職場。

朋友的妹妹留學歸國後，並沒有投入職場，轉頭就結婚生子，無法對原生家庭的經濟有所貢獻，但父母並未生氣，反而常常問我這個長女朋友，什麼時候才能找到對象結婚？彷彿過去她的犧牲與成全皆是自願。

我的朋友因為沒有結婚，閒暇之餘仍要幫忙家中生意，也要協助照顧妹妹的小孩。這些責任，從來都沒有落在妹妹以及弟弟身上。因此，她逐步累積了不滿，但這股不滿找不到來源，朋友便以自己從小身體不好，所以讓父母比較頭痛為由，說服自己沒被平等對待是理所當然的。

我為她感到忿忿不平，這種因手足排序而來的責任分配不均，在台灣隨處可見，卻時常被視而不見。簡翠寬在《社會文化變遷下不同世代長女的生命經驗》提出的觀點，[8]也說明了長女的角色負擔高於其他順位的女性：

「長女的家庭經濟狀況、手足數、手足間隔等家庭背景的影響，縱貫了各年代，如果長女的家境較富裕，或父母的性別刻板印象較淺，或父母不將長女視為唯一的家務代替者，她的勞動負擔會比較輕鬆，但和家中其他手足相比，她的角色負擔仍是比較重的。」

長女的勞動負擔程度，取決於家中的經濟狀況與手足人數，但無論如何，落在長女身上的負擔與要求，多半大於其他手足。

3 弟弟妹妹不乖，為何姊姊要受罰？

今年三十七歲的我，是家裡最大的孩子，底下還有兩個妹妹跟一個弟弟。出生於工人階級家庭，爸爸重男輕女，因此在弟弟出生前，爸爸基本上不在乎家庭，而媽媽忙於工作，也沒空照顧我們。

弟弟出生後，爸爸只在意弟弟，對我跟妹妹不太關心。但這一切在弟弟因為腎臟發炎導致腎臟病之後，產生劇烈的改變。爸爸從此不再關心弟弟，也連帶著對我們幾個女兒不聞不問。因此，媽媽必須帶著弟弟與年紀最小的妹妹終日來回醫院，於是協助二妹吃飯、換尿布、照顧等責任，便落在剛上國小的我身上。

我對於弟弟妹妹的教育方式承襲著家中的打罵政策，他們都滿怕我的。但媽媽耳提面命要我做好榜樣，因此當弟妹做錯事情時，媽媽總是連帶一起處罰我，原因是我沒有照顧好弟妹。

「為什麼是我？他們不乖，關我什麼事情？」每當我如此質疑，媽媽總是會邊哭邊打我，半夜的時候再偷偷進房間幫我擦藥，小小聲地要我多幫忙，讓她可以安心去工作，不用擔心家裡的情況。

小小年紀的我，一方面覺得要體諒媽媽，但另一方面也覺得，為什麼是我？為什麼做大姊的，樣樣都要好？

同樣的要求也展現在學業上，因為爸爸重男輕女，因此除了義務教育，爸爸不支持我升學，但媽媽則希望我藉由就讀好學校，幫其他妹妹開一條讀書的路。所以我的成績必須名列前茅，我必須考上高中、考上大學，而且要是公立的，這樣妹妹們就有機會讀書。

後來，我考上了板橋高中，又上了清華大學，最後去台大讀碩士班。我盡我所能地把路都鋪完，也讓最小的妹妹得以上私立大學。

從小到大，所有的一切，我都要在前方開天闢地。我覺得自己承擔的責任真的太重了！

弟弟妹妹亂跑，姊姊被罰半蹲

某次國小懇親會，媽媽去找老師懇談，留下我一人照顧年幼的弟弟與妹妹。國小同學剛好來找我聊天，我便囑咐弟妹在旁邊的空地上玩，不可以亂跑，然後一頭栽進跟對方聊天的世界裡。

過了不知多久，背後傳來媽媽的聲音，語氣中夾帶著山雨欲來的憤怒，我害怕地轉頭，內心感到不妙，只見媽媽左右手各牽著一個濕漉漉的小孩，一個哈啾哈啾，一個還嘻皮笑臉的。

我顫抖地抬起頭看著媽媽充滿怒氣的臉，她壓抑著跟我說：「走了，回家了。」當下我真的好想拒絕，但跑得了和尚跑不了廟，我向同學說再見後就跟著媽媽回家，等待著即將降下的懲罰。

一踏進家門，媽媽就吩咐我半蹲，她先帶弟弟妹妹去洗澡。

你們知道半蹲嗎？那真是人間酷刑，隨時隨地都可以發生，兩隻腳併攏，膝蓋微彎，不能太低，太低會像是少女的蹲姿，也不能太高，太高就沒有懲罰效果。媽媽的要求跟深蹲沒什麼區別，有一定的角度區間要達成，唯一的差別只在於手心還要向上，等著挨打。

過了二十分鐘，媽媽帶著蹦蹦跳跳的快樂弟妹洗好澡出來，然後又去忙別的事情，沒有跟我說話。我半蹲一小時後，媽媽端著煮好的飯出來，問我：「你知道我為什麼要懲罰你嗎？」

「我怎麼知道，我又沒有做錯事情！」腦中雖然這樣想，但我在歸納邏輯後回答：「我沒有照顧好弟妹」。媽媽這才滿意地點點頭，叫我起來去吃飯。

這個答案，十次有九次都通用，我不知道什麼是照顧好或是照顧不好，我也沒有被照顧過，但只要弟妹受傷、亂跑、生病，總之不管怎樣，都是我的錯。

「要是弟弟妹妹沒有出生就好了」

無獨有偶，某次帶著弟妹去公園玩，弟妹分兩頭跑，我顧著追妹妹，結果弟弟走失了。在我小時候，台灣還有很多的孩童綁票勒贖案，所以弟弟不見了，我非常緊張。我先叫二妹顧著小妹，然後自己在整個公園到處跑、到處喊，卻始終沒有看見弟弟的身影。

我不敢回家，因為我知道回家後，必定迎來一陣毒打，而且這次真的會被打死，因為丟掉的是寶貝弟弟。

我不斷地找弟弟，找到天都黑了，終於聽到妹妹說弟弟好像在前面的水池。我生氣地問弟弟，為什麼我喊他找他時，他都不應聲，弟弟說：「我在看魚」。

回到家後，爸媽還沒回來，我煮完飯，媽媽下班問我們今天在幹嘛，妹妹把今天弟弟失蹤的故事講一遍。

爸爸聽到後冷冷地說：「弟弟不見，你也不用回來，養你這個不知道要幹嘛，一點用都沒有。」這段話惹火了媽媽，他們又陷入無盡的爭吵。我趕緊逃到房間，越看弟弟越生氣，隔天爸媽出門後，我到後陽台拿了衣架，把弟妹從睡夢中打醒。看著他們一邊求饒一邊哭說「為什麼要打他們」，然後邊說「對不起」。

「對呀，為什麼要打我？」

當下我腦海中縈繞的，也是這句話。我也不懂為什麼小小年紀的我，要背負這些責任，就因為我是家裡最大的孩子？還是因為我是女生？

我想不到答案，心裡頭只有一個想法：「要是弟弟妹妹沒有出生就好了，這樣子媽媽帶著我一個人應該比較好養活，就算要改嫁，也輕鬆很多。都是弟弟妹妹害的，沒有他們，我就不用做更多的事，也不會因為他們導致我自己受害。」

長大後，弟弟妹妹偶爾會聊到以前發生的事情，對他們來說，這件事情也是世紀謎團，他們常會問我當時為什麼要打他們，害他們有時候都會睡得不太安寧。

我總是說：「你們害我小時候常常被打，我只好打你們出氣。」而媽媽在旁總是想找藉口，但最後只說她也不得已。

我想，我大概懂得這種不得已。

4 悶悶不樂的長女與自由自在的手足

弟弟妹妹不乖導致姊姊被責打的情況，不只發生在我身上，周邊許多長女朋友都有相同經驗。有時候聊天聊到自己的弟妹，小腿跟手掌都還會隱隱抽痛。過去被打的經驗，那些殘留的記憶總會喚醒疼痛。

我有一個親戚是長女，年紀比我小，但生活的樣態跟我差不多，她從小一樣被灌輸要乖、要幫忙照顧弟妹、要協助家務的整理，而她的兩個妹妹就可以做自己。她的父母也採用打罵教育，導致這個親戚從小便養成習慣，常常將錯誤怪罪到比自己弱勢的人身上。

一群人出去玩，如果她貪玩致使兄弟姊妹受傷，她就會推給其他一起出去玩的親戚。我曾經不只一次看到她對自己的弟弟妹妹語帶威脅地說：「等一下我會說是表姊害的，你們要記得，是表姊害你們受傷，如果被發現是我，我回去會偷打你們，知道了嗎？」

親戚的父母知道女兒是在牽拖別人，所以還是會懲罰她，但對於屢教不改的其他弟妹，完全沒有任何懲罰，也因此弟弟妹妹會恣意犯錯，反正不需要承擔什麼後果。而我也看著這位親戚在長大過程中，數次離家出走住在網友家，為的就是讓看面子看得比誰都重的父母沒面子。但到了可以出去賺錢的年紀，她還是會乖乖把錢交回家，只為了獲得父母的一句：「有出息了喔！」

她的弟妹就自由多了，不用在課業上追求高分，親戚間的功課大戰從來都只是姊姊的事情，她的弟妹所要做的就是追求自我。我常常聽見親戚得意地說：「我其他的兒女，都很有主見，他們上次去拍那個什麼Vlog，喔，拍得很好看捏！真的很有創意，放到網路上有好幾百人看捏！」並大力讚揚自己的教育方針有多偉大，才能教育出這樣自由奔放又創意無限的小孩，而把那個承接他們所有壓力的大姊，當作透明人般無視。更不用說，這個大姊承擔的不只是課業上的壓力，還有弟妹追求夢想所需要的經濟支援，也都是這位大姊「自願」付出的，跟其他人沒有關係。

先出生先倒楣？

我有一個二〇〇六年出生的小姪女，也是長女，下面還有一個弟弟。弟弟還沒出生前，小姪女是開朗大方的小孩，常常爬上爬下的，也會跟著去探險，跟媽媽的感情很好，常常會一起出去來個母女間的小約會。弟弟出生後，雖然家裡對姪女的關心沒有減少太多，但總是比較疼愛年紀小的弟弟，並且要小姪女做好榜樣，愛護弟弟，包容弟弟的任性。因此，姪女的個性越來越沉穩，說好聽一點是沉穩，說直白一點就是開始畏首畏尾。

每每去她家作客，在弟弟胡鬧時，大人總是說：「當姊姊的要做好榜樣，這樣弟弟才會學」、「有姊姊比較好，比較聽話又可以帶弟弟，不像我家大的是兒子，講都講不聽」等等，諸多道德約束在她身上。有次，我帶他們去便利商店買零食，爸媽規定一個人只能買一罐飲料跟一包餅乾，但弟弟不遵守規定，拿了一堆零食。我覺得沒什麼，在結帳前也問姪女，要不要多拿一些？但姪女搖搖頭說：「媽媽規定只能拿一個。」

回程行經公園時，姪女突然停了下來，抬頭跟我說：「姑姑，可以先在這裡休息嗎？我想讓弟弟把零食吃完，不然回去我會被罵。」

當了姊姊以後，我覺得姪女的笑容都不見了，一舉一動變得格外在乎父母的臉色，而弟弟自由奔放地長大、犯錯，反正永遠都會有姊姊連坐罰。

這樣的經驗，在我成長過程中，也一再出現。

小時候我跟妹妹讀同一間幼稚園，每天早上幼稚園老師都會從校園出發，一一去到小朋友家裡，接他們走路上學。我家地區的家長都要早早工作，沒有時間接送小孩，所以有這樣的服務對家長來說很好。雖然對我媽來說，這樣的服務，只對大女兒，也就是我有用。因為妹妹從來沒有一天準時起床過，媽媽牌鬧鐘永遠都只叫得醒我。

我曾經也像妹妹一樣賴床，導致媽媽必須另外送我去學校。在接送期間，媽媽不斷說我給她添了很多麻煩，責怪我為什麼不能懂事聽話。但我心想，「為什麼不能懂事聽話呢？」這句話，應該是要對妹妹說的吧？妹妹每天都能睡到媽媽接送時間，還敲門跟園長道歉，而我就要乖乖地走路上學。身為姊姊的我，做了這些榜樣，但弟妹不學時，為什麼沒有受到懲罰呢？

長大後，我有時候會跟弟弟妹妹講到這件事情。他們回我說：

「對呀，我們小時候也覺得你很可憐，可能先出生比較倒楣吧？誰叫你是大姊。」

弟弟妹妹說的話，跟媽媽常說的「你是大姊，要做好榜樣」，驚人地相似。而我發現，我的一些朋友跟我也有一樣的經驗，她們，恰好都是「長女」。

5 生個女兒當好幫手

慶幸自己第一胎生女兒的女性，其實不在少數。第一胎生女兒，對很多母親來說，就是為自己找到一個同性別的夥伴。

知名諮商心理師蘇絢慧在她的書中提到，華人社會文化中，有種獨特的親子關係，那就是「母女關係」，尤其展現在第一胎是女兒之上。[9]蘇絢慧用「心理臍帶」的概念來形容這樣的關係，臍帶是連結每個母親跟孩子的重要營養輸送管道，孩子出生後，物理上的臍帶會被剪去，象徵孩子脫離母體來到世界；但在心理上，這條臍帶卻可能以無形的形態存在著，讓孩子與母親成為生命共生體。

這樣的心理臍帶，特別容易存在於第一胎的孩子。在華人社會中，如果第一胎是女兒，這樣的現象會更為明顯。於是，母親跟女兒密不可分，彼此共享情緒，「母親的生命問題，都成為她必須背負的責任。她是母親的幫手、母親的助理、母親的代理者、母親的授權者，也是母親無法得心應手時，必須出面承接的替身。母親所要面對的問題，都是這頭一胎生的孩子需要背負的責任，還需要滿足對方的期待」。[10]

掌上明珠變小幫手

上面的敘述看起來很驚悚，卻是我及身邊的長女（或是擁有長女性格的朋友）共同的記憶。對我們來說，媽媽不只是媽媽，更像是我們的夥伴，甚至是老闆，我們共體時艱，我們共享榮耀。對於媽媽來說，我們不只是小孩，更是小幫手，是媽媽在這世上血脈相連的商量對象。媽媽曾經對我說，我對她來說很重要，因為我跟她相處最久，也看過家裡的苦，所以，她很依賴我，也很對不起我。

另一方面，我們同樣也是父母最初代的共同冒險者。試想我們出生後，父母便開啟了一趟名為育兒的遊戲，沒有攻略，全部都要自己摸索。爸媽也不確定每個做法是否正確，所以才會有「第一胎照書養」的俗話出現。

我印象很深刻，在我月經來了以後，媽媽開始煮「轉骨湯」給我喝。這是她媽媽跟她說的，越早喝，才能長越高。但怎麼煮，媽媽不知道。第一碗問世的轉骨湯，黑得像瀝青，裡面的肉片，柴得可以當乾貨。那時候我喝完吐了，還被媽媽罵一頓。後來，弟弟妹妹的轉骨湯，越來越好喝。

大學時我提到這件事情，媽媽才跟我說，那時候煮完她也知道搞砸了，但她覺得這是她辛苦煮的，對身體有好處，難喝也要喝。後來我喝不完，她偷喝了一口，才知道真的很難喝，但礙於面子，她不承認，只是默默倒掉。

對於媽媽來說，長女是跟她同性別的第一個夥伴，有難同當，有福同享。而且，也因為是同性別，更能理解同樣身為女性的自己，會經受的社會期待樣態，也共享了相似的思考路徑。

為什麼弟弟妹妹出生，我就要長大？

很多長女都有這樣的記憶，起初自己是父母唯一的小孩，爸媽無論是戰戰兢兢，或是隨隨便便，總之，自己都是唯一的小跟班。但當媽媽肚子裡有第二個小寶寶的那天來臨後，無論自己做什麼事情，都會被說：

「媽媽肚子有弟弟妹妹了，以後你就是姊姊，要好好照顧他們，你要長大了。」

「為什麼弟弟妹妹出生，我就要長大？」我曾經納悶地想著。

很多父母懷了第二胎以後，會格外重視第一胎的情緒，避免他們有種被分走寵愛跟關注的失落。但很少人注意到，長子或長女除了失落以外，突如其來的責任感，才是他們無所適從的來源。

我曾經跟朋友的小孩聊天，她是姊姊，弟弟出生後彼此相親相愛，但小姊姊也跟我說過，弟弟是小孩，她也是小孩，為什麼大的就要讓小的？

不只是角色轉變得太快，相應而來的連坐罰，更是許多長女心中的痛。

前面曾提到，國小懇親會時，媽媽預設我會看著弟妹，但我因為跟朋友玩到忘我，等到準備回家時，才看到怒氣沖沖的媽媽兩手牽著兩個衣服還在滴水的弟妹。二妹那時候賊兮兮地跟我說：「你完蛋了，剛剛那兩個小屁孩去玩水，媽媽出來看到他們全身溼答答的，說回家找你算帳，誰叫你沒顧好！」

回家後，我果然因為沒顧好弟弟妹妹的關係，被罰半蹲。

我跟媽媽說，「為什麼我一定要顧他們？」

媽媽回我，「因為你是姊姊，要幫忙媽媽照顧弟妹，所以懲罰你是合理的。」

隔天媽媽上班後，我把弟弟妹妹叫起來打。他們睡眼惺忪地哭著，我警告他們不能跟爸媽講。直到多年後，有次聊到這件事情，媽媽語帶愧疚，但還是小聲地說：「我真的一個人顧不了，小時候我也是被說要大的顧小的，所以想說你做大姊的，要懂事，幫忙媽媽顧弟弟妹妹。」

是啊，我媽也不知道為什麼做大姊的，就要幫忙爸媽分憂解勞。她只知道她這樣做，我也應該這樣做。我是這樣，我的朋友們，以及她們的孩子們，也都這樣被期待。

這樣的現象，究竟只有長女會遇到，又或者只要是女兒，都有相似的經驗？隨著社會的進步、時代的變遷，看似專屬於「長女」的情況，會產生怎樣的不同呢？

接下來，我將透過媽媽那一輩的故事、我們這一輩的故事，以及社會的變遷與觀念的轉變，來展示一個又一個，屬於女性的篇章。

1 Kung, L. (1976). Factory work and women in Taiwan: Changes in Self-Image and Status. *Signs: Journal of Women in Culture and Society*, 2(1), 35-58.
2 胡幼慧（1995）。三代同堂：迷思與陷阱。巨流圖書。
3 鄭阿財（1984）。敦煌寫本「崔夫人訓女文」研究。中興學報法商篇，19，321-334。
4 蔡沛婕（2001）。〈嫁出去的女兒，潑出去的水?·?·?〉。南華大學社會所網路電子期刊，15。https://www.nhu.edu.tw/~society/e-j/15/15-4.htm。
5 Tsui Elaine Yi-Lan (1987) *Are Married Daughters 'Spilled Water'?: A Study of Working Women in Urban Taiwan*. Taipei: Women Research Program.
6 李劍明、羅金義（2004）。香港經濟：非經濟學讀本。牛津大學出版社。
7 李劍明、羅金義（2004）。香港經濟：非經濟學讀本。牛津大學出版社。
8 簡翠寬（2004）。社會文化變遷下不同世代長女的生命經驗，國立高雄師範大學性別教育研究所。
9 蘇絢慧（2016）。你過的，是誰的人生？：如實長出生命力量的5種鍛鍊，究竟。
10 蘇絢慧（2016）。你過的，是誰的人生？：如實長出生命力量的5種鍛鍊，究竟。

CHAPTER 2

藍領階級的長女——讓弟妹擁有自由的犧牲打

小時候，最常聽媽媽說起小時候她一邊照顧弟弟妹妹，一邊在田間農作的故事。

我媽媽成長於一九五〇、六〇年代，那時義務教育還未普及，許多長女早早就被視為獨立的角色，承擔起農務、家務以及保母的責任。從早期的影像、影劇及文學作品中，常常可以看到一位女孩，挺著小小的身軀，一邊背著襁褓中的弟妹，一邊工作的畫面。

在那個年代，多數的長女，不僅小時候要協助家務與農務；到了可以工作的年紀，也早早就出去工作，以便幫忙父母拉拔弟妹長大。有些進了紡織廠，一步一步踩著縫紉機，為家裡送回了一沓又一沓的現金。

在我聽到的故事中，很多長女的男性手足，都是靠著這筆錢升學；甚至較年幼的女性手足，也因此能夠繼續讀書。最後，真正犧牲的，多半只有最大的女兒。

這些長女在手足長大後，才能步入婚姻，或是不必全額幫襯原生家庭。但學經歷相對較差的她們，無論進入家庭或持續工作，多半也無法像自己的弟弟妹妹那樣擁有較多選擇。很多人於是一直從事勞力密集且低薪的工作，或者走入家庭，成為像自己媽媽一樣的刻苦奉獻者。

在上個世紀，長女多半是父母最得力的幫手。本章將會藉由我所觀察到的現象，來闡述這群藍領階級的長女，如何在她們的少女時期，協助父母度過一個又一個家庭難關。

這當中，不乏有人在面臨危機的時刻，轉而尋找生命的不同可能。從這些故事中，我們可以看到，她們發揮了長女的強韌精神，為自己、為家庭，走出了不同的人生路。

I

媽媽臨終前的託付，成為一輩子的枷鎖

阿如今年六十五歲了，她最大的興趣就是買珍珠，最厭惡的是吃番薯。

阿如家是務農的，她有三個妹妹，一個弟弟。她的阿母生完最小的妹妹，就生病去世了。妹妹還沒滿週歲就讓人抱去養，雖然阿爸有意阻止，但孩子實在太小，阿爸又要去台北做工，沒辦法照顧，只好抄下小女兒送養的地址，時常去看她。

阿母過世後，作為長姊的阿如便結束學業了。

本來阿嬤就沒有要讓她繼續讀書，「女生啊，不用讀太多書」、「冊，越讀越慼(tsheh，厭煩)」，阿嬤總是把這些話掛在嘴邊。阿母還在世的時候，有阿爸的支持，阿母還能讓阿如讀書，阿母過世後，無論阿如再怎麼喜歡讀書、阿爸再怎麼支持，都敵不過阿嬤的阻擋。

因此，阿如後來逢人就說：「我早就知道自己沒有讀書的天分啦，所以快點去工作賺錢也好。」彷彿只有這樣說，才能夠合理化自己被迫中斷學業的人生。

答應媽媽要好好照顧弟弟妹妹

早早結束學業的阿如，每天照顧著弟弟妹妹，一大早起床就先煮早餐，囫圇吞棗吃完，緊接著就跟二叔公下田耕作，中午回家煮飯給一家人吃，下午再去田裡工作，晚上再回來煮飯，然後還要做一堆家務事。在最大的妹妹長大到可以幫忙前，這些都是長姊阿如的義務。

阿如也不敢不做，她永遠記得阿母在臨終前將她叫到床邊，緊緊抓住她的手說：「阿如，你是大姊，你答應阿母，要好好照顧弟弟妹妹，不管結婚前結婚後，你都要好好照顧他們，你要好好做喔，阿母會好好看著的，會保佑你們的。」過世那一刻，阿母的手依舊緊握著阿如，而阿母的話就此牢牢地跟著阿如，直到她六十歲了，都不敢放下弟弟妹妹，依舊照顧著他們、為他們收拾殘局。

在阿如到了適婚年齡的時候，遠赴台北做工的阿爸回到家鄉幫忙張羅婚事。那時不太盛行自由戀愛，多半是透過介紹，由於阿如很乖巧又很勤奮，很多人幫她介紹。「這麼多人怎麼挑？」最後據說是阿母幫阿如挑的。

阿如並沒有很喜歡那時相親的對象，但相親後幾天，阿嬤告訴她：「我夢到你阿母，她跟我說這個很適合你，她幫你挑好了。」

阿如不太相信阿嬤的話。阿母生前，阿嬤不太喜歡她，因為阿母前幾胎都生女孩，生了弟弟後又生了兩個女生。對於阿嬤來說，阿母對家裡的貢獻不大，因此當阿爸想帶著阿母一起北上打拚時，阿嬤以「家中孩子還小，需要有人顧」為由，硬是把阿母留在老家。

當然阿嬤也有私心，她希望阿爸在台北遇到喜歡的女人，可以另娶一個「生男生」的老婆。阿母因為被硬留在鄉下獨自照顧小孩、侍奉公婆，又被婆婆以各種管教為名進行虐待。所以，阿如跟弟妹都清楚，阿母某個程度上是被阿嬤逼死的。因此，阿如曾經不只一次說，希望可以嫁給上無老的家庭，避免自己也陷入媽媽的窘境。

所以，阿如深深懷疑阿母會託夢給阿嬤嗎？這個問題在她心中盤旋，但阿嬤是家中最資深的長輩，好像也沒有什麼理由可以拒絕，於是，阿如就嫁給阿志，搬到台北一起打拚。

婚後繼續接濟弟弟妹妹

阿如和先生從一起擺攤賣剉冰開始，一路兢兢業業，一刻都不敢懈怠。阿如不只有自己的家庭要養，家中的弟妹也還需要她接濟，即使阿爸在台北買了房子，弟妹也都北上工作、讀書，阿如還是遵照阿母的話照顧弟妹，唯一沒有的，是照顧自己。

阿如沒有機會繼續升學，小自己幾歲的妹妹也只讀到國小畢業，就去紡織廠工作；倒是有機會讀書的弟弟，早早顯露「越讀越慼」，好不容易國小畢業，就急忙北上找阿爸一起做工。對弟弟來說，早點去賺錢比較實在。

由於阿如跟妹妹已經開始工作，弟弟又對讀書沒興趣，小妹因此反而能繼續升學，一路讀到高職畢業，學了一技之長開了一間店。而從小送養的妹妹，阿如也跟著照顧，無論是讀書還是生活，只要有需要，阿如多少都會添補一些，畢竟她答應媽媽照顧所有的弟弟妹妹，縱使么妹已經送養。

阿如的照顧，一路持續到弟弟妹妹長大成家。

雖然弟弟妹妹各自婚嫁，但他們的家庭也多少存在一些問題。特別是弟弟，個性比較輕浮，生了孩子也沒有用心養育，因此每逢假日，阿如就把弟弟的孩子接到自己家，煮東西給他吃。

阿如小時候常常吃不飽，最常吃番薯簽加白米煮成稀飯，肉更是少吃。即使到了發育階段，肉類多半還是家中男丁優先食用，「做田要耗費體力，當然要讓去做田的男生吃」，聽著這句話長大的阿如，總是嘆氣地說：「我也每天去做田，還要煮飯，連一口肉都不能吃，偷吃還會被阿嬤打，窮到只能吃番薯簽，我這世人（這輩子）最討厭的就是吃番薯簽。」然後端出一盤肉，要孩子們盡量吃。

妹妹被家暴，長姊賣房救她

雖然阿母託夢幫阿如選丈夫，但阿如並不像童話故事一樣，從此跟老公過著幸福快樂的生活。

「阿如常常被她丈夫打，懷孕也打，差點打到落胎。」在我小時候，身邊的大人總是在阿如夫婦不在時八卦著。

我很驚訝，因為阿如家很有錢，他丈夫後來轉作黑手，手藝學得精湛，在一眾黑手中，成為中盤商，阿如便成了家中的會計，負責送貨以及批貨等工作，就像早期的「客廳即工廠」，太太通常都會擔任家中的會計，負責算薪水、雇用工人等行政總務事務。

阿如在被打到差點流產時，曾跟娘家的人商量離婚，家人一句：「女生離緣很見笑，後頭厝會被看不起，而且你離婚也沒有工作能力，可以去哪？」否定了她的付出，也讓她重回那個想讀書卻因為自己是女生而無法繼續念書的過去。

隨著小孩長大，阿如的丈夫停止了家暴，他們的家境也越來越好，房子一套一套地買，地產、車子、家電、出國旅遊，一樣都不少。阿如不只照顧自己的弟弟妹妹，就連弟弟妹妹的小孩，也一併照顧著。

有一次，我從阿如女兒口中，得知阿如最近遇到好幾次金光黨。金光黨在阿如逛街買菜時，把她身上的錢騙光，也騙她從戶頭領了好幾萬出來。阿如跟我們聊起這件事時，電視上還播放著金光黨蠱惑大媽、騙走他們積蓄的新聞，嚇得我那時候超怕去市場，害怕自己僅剩不多的錢被騙光。

很久很久以後，我才知道所謂的金光黨，其實是阿如的妹婿。阿如根本沒有被騙，而是為了要照顧妹妹，才不得不拿出錢來。

阿如的妹妹在阿爸的張羅下，嫁給了外強中乾的丈夫。妹妹本來小有積蓄、會玩股票、不想結婚，她原本有個交往多年的對象，但被倒會，阿爸嫌他窮，逼迫妹妹跟他分手，並安排她嫁給家中有別墅還有果園的丈夫。

妹妹嫁過去後，才知道別墅是貸款買來的，才剛繳沒幾期；果園是跟家族共享的，整個果園收成後，收入所剩無幾。除此之外，妹妹不僅要侍奉公婆，每天的農作量也很大，生活比之前還要辛苦。

更辛苦的是，在妹妹生產完第一胎後，由於孩子先天重度身體障礙，終生沒辦法自己生活，因此阿如的妹妹整天以淚洗面，不吃不喝，最後被判定無法繼續懷孕，在家中地位一落千丈，被打、被罵，成為家常便飯。而這樣的原罪，成為她丈夫跟阿如伸手要錢的契機。

「你不給我錢，我等下就給她好看。」妹婿這樣威脅阿如，同時帶著剛被打過的妹妹，展現自己的說到做到。

從那一天起，阿如就開始把攢下來的錢給妹夫，就這樣給了好幾十年，直到前陣子大家發現阿如以前買的幾套房子都轉賣了，戶頭也少了好多積蓄，才知道阿如為了照顧妹妹，花了好幾百萬。這些照顧，都是拿不回來的。

「阿母真的有保佑嗎？」阿如午夜夢迴都在想。

從少女變阿嬤，大姊的重擔還是卸不下

從少女時代到現在當阿嬤了，阿如仍然活在阿母的臨終遺言中，無法自拔。她不知道能找誰討論，隱約覺得自己似乎做很多，好像做夠了。但是，夠不夠沒有標準，跟親戚聊到這件事情，親戚總是跟她說：

「做人大姊的，就比較辛苦，你阿母過世前說的，你要聽。」阿如一聽到他們這麼說，就把尋求協助的話語吞回去。

過了很久，阿如終於找到解脫的方法。

阿如丈夫的哥哥，也有一個糟糠之妻，跟著他胼手胝足打拚了一輩子，不捨得買東西，把錢都花在丈夫、孩子跟家庭上。在她快到可以享福的年紀，卻因為癌症過世了。過世以後，丈夫沒有難過多久，很快就娶了一個年輕貌美的新老婆，首飾、衣服、包包，什麼好的都買給新老婆。

阿如知道以前他對自己的糟糠之妻很小氣，覺得她的手很粗、整個氣色很差，穿什麼好衣服、戴什麼首飾都一樣，而糟糠之妻也因此不敢買，最後說自己不喜歡，所以不想買。

從那次看到新老婆脖子上的首飾後，阿如似乎明白了什麼。

她開始買珍珠項鍊、珍珠耳環、珍珠手鍊，任何貴的、好看的衣服、包包，就算她用不到，也買。

有次阿如的女兒跟我們說，他們帶阿如去逛百貨公司買母親節禮物。以前阿如都說隨便吃個飯就好，小孩子就應該把錢存起來或是自己用。那次阿如直接走到賣珍珠首飾的店，一進店裡，就請櫃姐拿出最大顆的珍珠項鍊，比劃比劃後，跟孩子說：「母親節禮物我要這個。」

現在的她，偶爾還是會說自己被金光黨騙錢，只是被騙的頻率變低了。對於弟弟妹妹，她也轉向勸導，不過她還是會照顧他們，因為照顧大半輩子了，再顧幾十年也就認了。

阿如犧牲了大半輩子，為弟弟照顧家庭，為妹妹保留婚姻，為阿母臨終前的遺言盡心盡力。她現在最大的願望，就是為自己多買幾串珍珠項鍊，以及多吃幾餐肉。縱使驗出三高，她還是堅持餐餐要有肉。

戴珍珠項鍊的阿如，開始補償自己。

2 為了家中經濟犧牲學業

「我十六歲就上台北了，來學做美髮。」只要講到自己的過去，阿雀一定用這句話當起頭，就像童話故事中的很久很久以前。

今年五十五歲的阿雀，去年剛跟丈夫離婚。這大概是她人生當中做過最反叛的一件事。雖然這個反叛來得很晚，比更年期還晚來，但對於阿雀來說，過去為家裡犧牲、為家人考慮，唯獨沒機會為自己考慮，在離婚那一刻，人生終於掌握在自己手上了。

出生在南部鄉村的阿雀，是阿嬤照顧大的。

在阿雀的弟弟妹妹相繼出生之後，父母便比較沒辦法把精力放在阿雀身上，而阿嬤承接起這份責任，照顧這個家中的長孫女。

小時候，阿雀常常背著弟弟去做許多事情，像是幫忙種田、幫忙煮飯、幫忙看守載運白甘蔗的火車。

那時候火車會載運一堆一堆的白甘蔗到糖廠榨糖，車廂並不密封，而是用柵欄框出一個空間，讓長短不一的甘蔗可以放在車上，而這樣的開放空間，加上火車速度不快，常常有很多小孩沿路跑去拔甘蔗來吃，甚至拿去賣。

阿雀是村莊內最兇的女生，負責守護甘蔗的她，會沿路追打偷拔甘蔗的小孩，無論男女或體型大小，阿雀都會衝過去跟他們拚命，所以很多人看到是阿雀在顧甘蔗，就打消念頭了。

放棄升學幫助家裡蓋房子

身為長女的阿雀，從小便知道家中經濟狀況不佳，也看見阿爸阿母很辛苦。在她國中畢業前夕，因為家裡要蓋房子，父母開口請阿雀不要繼續升學，於是阿雀就面帶笑容地同意了。

但其實她內心並不同意，她想讀書，她也很會讀書。在學校成績名列前茅的阿雀，有相當高的機率可以考上當地最好的女中。老師知道此事後，親自登門拜訪，希望阿雀的父母讓阿雀升學，學費由老師負擔。

老師走後，阿母跟阿雀說：「你知道什麼債最難還嗎？」聽到這句話，阿雀便知道從此不可能奢求讀書了。

「人情債最難還」，這句話就像詛咒一樣，縈繞在阿雀身旁，一路跟著她上台北、結婚、離婚。

國中畢業後沒能升學的阿雀，早早去了台北賺錢。那時鄉下沒什麼好的工作機會，弟弟妹妹又還在需要花錢的年紀。從小知道父母辛苦的阿雀，毅然決然北上協助家中解決經濟問題。

早早出社會工作的阿雀，無論做什麼，都獲得賞識。

在電子工廠工作時，當時的電子辭典無敵CD系列，要拆下外層塑膠套，裝上芯片，再安裝外殼。阿雀進工廠時，大家原本自己做自己的，大概兩三分鐘可以完成一台，速度偏慢。阿雀進去後，發展出一套團隊分工模式，一個人先用美工刀快速拆下外層塑膠套，接著另一個人手持電鍍棒灌入融化的錫，後面一個人再把芯片放入壓緊，最後裝上塑膠殼。

這套現代化分工流程，讓生產線的速度大大提升，也讓阿雀跟著同事賺進大把工作獎金，但同時卻也讓阿雀知道，過去她沒能讀書，確實是一種犧牲，因為在升遷時，學歷至少都要高中職。

每當講起那個時候的工作狀況，阿雀總會說：「我的能力真的很好，老闆都很想升我當組長，但我學歷太低，就只能一直做作業員。每每阿雀一口氣講完這段話，臉上都有點哀怨。」

阿雀的犧牲，為家裡換來了一棟房子。

阿雀說：「那一年的隔年，鋼的價格大漲，我們如果再晚一年才蓋房子，至少漲兩倍。」除此之外，阿雀的犧牲就沒有其他回報了。

徒勞無功的犧牲

小她幾歲的妹妹，在國中畢業後也不升學。為此阿雀還曾生氣，只是妹妹說姊姊沒升學，她也不想升學。妹妹看到姊姊為家裡犧牲，希望可以早點幫助姊姊。但阿雀不懂這樣的邏輯，她為了家裡要蓋房子而犧牲升學的權利，妹妹卻用這樣的理由不升學，反倒顯得自己的犧牲沒有價值。

至於大弟，因為對讀書沒什麼興趣，也是國中讀完就出去工作了。小弟則繼續升學，讀到了高職。小弟因為有高職的學歷，在快要三十歲時結婚，隨後進入台塑集團當貨運司機，收入挺不錯的。後來小弟因為經濟不景氣被裁員，拿到了百萬資遺費。但這些資遺費，都被他拿去玩線上遊戲花光了。而在此之前，小弟相親結婚的老婆，也在三個小孩出生後，離家出走了，那時小弟最小的孩子還沒斷奶，阿雀的阿爸阿母只好住進他們家，照顧這些小孩。

自此之後，小弟也沒有找到什麼穩定的工作。多半是打零工，之前說要做生意而從爸媽手上拿到的生意本，也在線上遊戲花掉了。

阿雀在兩個弟弟的人生中，逐漸意識到自己的犧牲可能沒什麼價值，而父母也只是無可奈何地從各方面去幫忙兩個兒子。

最後，阿雀看開了，過去犧牲就犧牲了，但她還有女兒跟兒子，她不能讓女兒接下來也重蹈覆轍。

她必須堅強起來，走出自己的人生，做孩子的榜樣。

如同以前做弟妹的榜樣一樣，阿雀要改變自己，讓女兒知道，自己的人生應該掌握在自己身上。

阿雀知道，隨著年紀越來越大，若繼續做需要體力勞動的作業員工作，她會越來越吃力，而她要向上爬就要補學歷，但孩子需要照顧，上學吃飯都需要錢，先生又倚靠不上，眼前的現實讓她只能放棄重新升學的願望。

「既然都是要學，不然我去學手藝好了？」阿雀想去學個做吃的手藝，擺個小攤位，時間相對彈性，不僅可以自由休假照顧孩子跟公公，也能夠擁有自己的生意，只要肯做，就不怕餓死。或許，以後還可以傳承給孩子，如果孩子畢業後時局不好，或者運氣差找不到工作，還可以一起經營。

更重要的是，阿雀覺得因為自己沒有房子，跟先生吵架時，總是動不動被趕出家門。重男輕女的先生，就連對女兒，也常常說只是讓她們借住在家裡，不乖就要趕出去。這種膽戰心驚的生活，對於阿雀和孩子來說，非常不安。

阿雀心想，只有賺更多錢，讓自己擁有更多經濟實力，真的被趕出去，也還有錢租房子。

阿雀起初是想跟婆家的親戚學，因為親戚的小吃攤經營得有聲有色，房子買了好幾間，每個孩子也都在家幫忙，不怕去外面給人家欺負。但商量了好久，最後還是在丈夫家對於媳婦是外人的不信任疑慮中，被拒絕了。

這個事件讓阿雀更確信自己的想法，除了自己以外，沒有人可以依靠。後來，阿雀找到了包子師傅，在軟磨硬泡、再三保證不搶生意下，一步步把小吃攤做了起來。

憑著小吃攤，阿雀成功把四個小孩拉拔成人，每個孩子都大學畢業，大女兒甚至還讀到研究所。在那些年間，果然跟阿雀預想的一樣，公公因為退化需要人照顧，而在公公的子女推托之下，身為媳婦的阿雀成了理所當然的照顧者。

阿雀白天把公公帶到攤位，讓公公坐在旁邊聊天，一方面讓他透過跟人互動延緩退化，二方面阿雀也可以照看得到。

大半輩子照顧別人，直到身體垮了

公公過世後，孩子也長大了，而阿雀努力大半輩子的身體，也終於垮了。五十三歲左右，阿雀安排了心臟手術。因為沒有積蓄，她跟先生借了手術費，承諾保險下來後會歸還。

手術很成功，保險申請得很順利，但出院的阿雀，卻被先生吵得無法靜心修養，也一直被催著還錢。

阿雀不堪其擾，跟朋友借錢，還了那筆「借來的」手術費。並且，在某個先生回鄉下過節的晚上，跟著女兒們一起搬出了那個「借住」了三十年的家。

最後，女兒們跟朋友借錢請了律師，兩年後，阿雀終於跟先生離婚，結束了三十幾年的婚姻。

在離婚官司的調解過程中，很多人不諒解，覺得孩子都大了，夫妻倆就這樣走下去也沒什麼不好。

阿雀說，她跟孩子商量過，孩子都尊重媽媽的想法：「我的孩子只跟我說：『你過得好，把自己照顧好，對我們來說就夠了。你為我們吃苦了好幾十年，你還年輕，我們也都長大，你放心去過自己的人生。我們都有賺錢，現在換我們當你的後盾。』」

阿雀運用離婚分割的財產，跟幾個女兒一起買了一間房子，雖然要貸款三十年，但她們不再害怕流離失所。

阿雀很慶幸自己的「叛逆」，換來了現在的快樂生活，不用看誰的臉色、不用擔心被趕出去，更不用犧牲奉獻一輩子換來被糟蹋的對待。

「我覺得我的叛逆期來的太晚，如果我在考高中時就叛逆，接受老師的扶助，那現在有學歷的我，一定可以過得更好。真遺憾啊。」

3 子時生勞碌命的母女倆

阿雀十六歲上台北學美髮，二十歲經由朋友介紹，認識了前夫。交往一年後，決定走入婚姻。

當阿雀的女兒阿慈知道媽媽跟爸爸是自由戀愛時，非常無法置信，覺得媽媽到底要多眼瞎，才會選爸爸這樣的對象？

阿雀回答：「我走不對的路，早知道就聽你外公外婆的話。你們以後要知道，不聽老人言，吃虧在眼前。」

「才不要，你自己都選錯，聽你的話，可能會很慘。」女兒忍不住調侃。

阿雀婚後生了四個小孩，三女一男，大家以為的排序是：三個女兒在前，兒子在後，實際上，兒子是第三個。

大家都以為生了兒子就不用再生了，但阿雀的小孩總是這樣釋疑：「因為爸爸說，鄉下有個傳說，生兒子就像打麻將，會連一拉一，一次兩個，所以，這胎是兒子，下一胎肯定也是兒子。」

但兒子又不是麻將，還能連一拉一，阿雀為了跟先生證明這件事情，原本生了兒子就要結紮的她，又賭氣生下最小的女兒，以此證明生兒子不像麻將，沒有連一拉一這個說法。但大家不清楚箇中原由，常假定阿雀是生了三個女兒，最終才生到一個兒子，因此大家見到阿雀的小女兒時總說，她看起來比弟弟小，實際上，她就是比弟弟小。

阿雀的第一胎是女生，對於已經兩代單傳的先生家裡來說，無疑是晴天霹靂。雖然家裡不是什麼大富大貴，或有皇位要繼承，但在農業家庭中，沒有男生就沒有人可以繼承家產，最重要的，這意味著這個家的人要出殯時，將沒有人可以捧斗，或是出嫁的女性沒有娘家。這是非常大不了的事情。

因此，阿雀又火速懷了第二個小孩，但生出來時，還是女兒。

於是，阿雀的公公以及大姑小姑，便開始幫阿雀的老公物色「外國籍」的老婆，也就是外籍配偶，希望可以早日生出男孩。至於兩個已經出生的女兒，對於先生的家庭來說，就是沒有用的兩個小孩。

不得人愛的女兒，萬眾矚目的兒子

大女兒阿慈出生後，爸爸從沒抱過她，因為她是女的，也因為這對爸爸來說是一場「意外」。當年他只是想測試哪個女生比較適合一起生活，沒想到阿雀居然懷孕了。他的單身生活宣告終結，因此阿慈這個女兒不僅象徵他快樂生活的結束，也不能幫他們家傳宗接代。對他們家來說，阿慈是個多餘的存在。

二女兒出生後，因為又是女的，家族親戚吵吵鬧鬧地說阿雀生不出男生，因此阿雀開始半推半就地求神問卜，也因為先生不拿錢回家養兩個「女兒」，只好把第二個女兒寄養在丈夫的老家。阿雀自己則帶著已經可以走路講話的大女兒回新莊，白天送女兒去托兒所以後，就去她跟小姑合開的美髮店工作，晚上再把女兒接回來。

別人說哪裡可以求得男嬰，阿雀就跟著去求，甚至聽從古法跟神明「換小孩」，把本來屬於第四胎的男孩換成第三胎，希望可以早日終結生女孩的「詛咒」。

幾年後，萬眾矚目的男孩出生了，阿雀也以為自己可以從生育機器的身分中畢業，豈料先生家眾口一致表示：男孩的下一胎還會是男孩，逼得阿雀火速懷孕，最後仍生下一個女孩，裝上子宮避孕器作結。

阿雀生下兒子後，才發現一直很沉默怕生的二女兒，並非患有自閉症，而是因為寄養在丈夫老家時由二嬸照顧。二嬸是語言障礙者，無法說話，因此二女兒在學習語言的黃金時期，沒有辦法透過環境學習，才無法開口講話。

意識到這點的阿雀，迅速把二女兒帶回新莊一起生活。

這個時候，為了照養孩子，阿雀承受龐大的生活壓力，只能一顆頭洗過一顆頭，一道髮型弄過一道髮型。每一個客人的頭髮，都是她跟孩子生存的希望。

皇天從來常負苦心人，阿雀眾星拱月的兒子在將近兩歲時，因為感冒腎臟發炎被誤診為腎臟病，十幾顆類固醇下去，從此進入慢性腎病的就醫人生。

對農村社會來說，腎臟有事，意味著男性功能可能受損，也不利於傳宗接代。因此在兒子生病後，阿雀夫妻的感情跟家庭變得更加破碎。

么女太小需要照顧、兒子必須定期回診與住院、二女兒過敏轉成氣喘，加上美髮用品對於氣喘跟腎病會有危害，種種考量之下，阿雀不得不放棄美髮事業，回到家裡，一邊照顧孩子，一邊做手工來維持家計。

阿雀小時候因為阿母一句「人情債最難還」，所以長大後一直不願欠人情。但生活的重擔已經讓她喘不過氣來，除了做手工以外，她也只能腆著臉跟周遭的親朋好友借錢，至於婚姻生活對她來說，只是還有一個可以遮風避雨的房子而已。

每天做牛做馬，就是沒辦法做個孩子

在這樣的家庭中，大女兒阿慈很早就比周遭的人懂事，因為她知道，媽媽必須照顧所有小孩，特別是生病的弟弟。當媽媽要帶弟弟去看醫生時，還是國小的阿慈就必須分擔責任，照顧幼稚園的大妹以及還在襁褓中的小妹。換尿布、泡奶粉、洗澡等，都是阿慈分內的事情。

在阿慈小時候，有兩件事情對她影響很大：水痘跟阿信。

水痘幾乎是每個小孩都會得的傳染病，小時候得比較安全，因為成人感染的致死率很高。當時不知道是誰先感染水痘的，大妹還是小妹吧？水痘傳染性很強，所以弟弟也被感染了。發水痘會發燒、不舒服，為了避免抓破水痘留疤，也要定期鋪上痱子粉來降低痛苦。那時，媽媽帶著發燒的弟弟去住院之前，交代阿慈怎麼樣處理水痘之後，便留下錢跟痱子粉前往醫院。

媽媽這一去就是好幾天，阿慈只好一邊照顧著兩個妹妹，一邊還要照看著表姊。至於為什麼還要照顧表姊？原因在於，水痘是個越小得到越不會有其他併發症的傳染病。因此，姑姑把自己還沒得過水痘的小女兒帶來，也就是阿慈的表姊，讓她一起感染。

兩個妹妹及表姊都因為出水痘而發燒，三個人不舒服地哭鬧著，但爸爸只是慈祥地哄著表姊，對於一牆之隔的兩個女兒不聞不問。阿慈在照顧過程中，也感染了水痘。她把妹妹哄睡後，自己拿著冰枕、痱子粉，睡在妹妹旁邊，一邊發燒一邊作夢，已經不記得夢到了什麼，只覺得自己很倒楣，不僅成為大姊，還出生在父親沒有責任感的家庭，每天做牛做馬，就是沒辦法做個孩子。

水痘快好的時候，媽媽帶著弟弟回來了，阿慈很委屈地跟媽媽說，自己也出水痘，發燒很不舒服，為什麼還要照顧妹妹？她覺得好累……，媽媽又說起一直以來的那句話：

「阿慈，你也是子時出生的，跟媽媽一樣，都是勞碌命。我們要做，才會過得快樂，這就是我們的命。」

這句話像是孫悟空頭上的緊箍咒一樣，從此規訓著阿慈。

子時生，勞碌命？

阿慈拚命翻著家裡的農民曆，依照自己的出生時辰來算八字，但她怎麼看，都找不到「子時生，勞碌命」的說法。直到網路發達後，她才偶然從紫微斗數的命盤解析中，看到了「男性在子時出生，會獲得許多挑戰的機會，最終功成名就；女性在子時出生，則一生勞碌多思」。這時她才終於知道，原來自己會那麼辛苦，是因為出生的時辰不吉利，如果晚一點出生，或是更早一點，就會是輕鬆一點的命了，就像自己的弟妹一樣，出生在一個輕鬆的時辰，真的好幸福。

子時生，勞碌命，原來真的其來有自。於是阿慈如同媽媽阿雀，相信著這句話。但阿慈總覺得還是有哪裡不對勁。

當阿慈從電視劇《阿信》中，看到阿信的大姊因為服從父母的安排，放棄學業進入紡織工廠工作，結果罹患了肺病，最後死在尚未表白的愛人懷中時，彷彿看到了自己的姑姑阿如，也看到另一個姑姑阿莉，她們都是最大的女兒，為了承擔起照顧家裡弟妹及父母的責任，犧牲自己的終身。只是，一個守得雲開見月明，一個香消玉殞連家族祠堂都進不了。

這樣的未來令阿慈不寒而慄。因此，當阿慈看到阿信去米店幫傭時，意外接觸到了教育，從而了解了社會的運作，走向不一樣的人生時，她跑去跟媽媽說：「媽媽，我覺得全家應該我最會讀書，你讓我讀書，我會好好賺錢照顧弟妹的。」

媽媽阿雀聽聞，只是淚流滿面地說：「你們想讀我都讓你們讀，讀到你們不想讀為止。」

阿雀知道自己因為不能升學付出了許多代價，她很後悔，不希望女兒們重蹈覆轍。因此，自己再窮也不窮小孩的教育，沒錢讀書，她就去借，先把書讀起來了，錢遲早都還得了。

阿雀有時候也會想，如果十六歲的她繼續升學，那她現在是不是會不一樣？

阿雀搖了搖頭，告訴自己，當時放棄升學省下來的錢，讓家裡提前在營建材料大漲前蓋了房子，換來現在一家的遮風避雨，這件事很值得。至於是不是比讓自己升學值得，阿雀沒有想過、也不敢想。她心中唯一想著的是：「明天要接更多手工，不然錢又不夠了。」

同是子時生，有著同樣勞碌命的母女，生命的轉折從教育的選擇中，便開始了不同的走向。

後來，阿慈從教育中成功翻身，真的走出不一樣的路。

現在，阿雀與阿慈母女倆總是在吃美食、旅遊等快樂的行程中，提起了過去。阿慈會跟媽媽說，好險自己當時有爭取要讀書，現在才能賺錢過好生活。而媽媽會慈愛地看著孩子，點點頭，感謝自己當時努力工作，就算借錢也要讓小孩讀書的舉動，沒有白費。

有一天，阿慈又問了阿雀，如果回到十六歲，你最想做什麼？

阿雀不加思索地說：「我會跟我媽說，人情債不好還，但我願意花一輩子來還，只要能讀書，做什麼都可以。」

4 善於控制與規畫的長女

「我從小就知道自己要幹嘛，很有主見，該念書就念書，該工作就工作，該結婚就結婚，我都知道自己下一步要做什麼，所以我的人生才能那麼順利。」這是六十二歲的阿美最常講的話。阿美的家庭，就如同她說的那樣，平凡且幸福。她也幫兩個孩子各自準備了一間房子，讓他們可以無後顧之憂。

不過阿美小時候的生活，並不平凡也不幸福，她家裡是務農的，種的是水果。阿美三歲時，爸爸因病去世，留下了媽媽、阿美以及妹妹。媽媽無法獨力撫養兩個女兒，因此帶著孩子改嫁給一位廟宇工作者。繼父對她們不錯，在繼父過世後，媽媽評估了家中的積蓄，想著孩子快要畢業了，以後可能會嫁人，在出嫁前，一家人需要穩定的生活環境，而且若自己有間房子養老，就不會造成出嫁女兒的負擔，未來即便過世了，房產也能留給女兒。於是，媽媽跟兩個女兒一起存錢買了一間房子。媽媽過世後，房子產權對分，阿美選擇拿現金，妹妹則是繼續付貸款。

依靠裁縫技藝翻身

阿美高中畢業後，從事會計工作。二十八歲時，經朋友介紹跟先生阿奇認識，組成了家庭。他們住在阿奇繳房貸但登記在阿奇媽媽名下的房子，兩人一邊努力賺錢，一邊照顧兩個孩子及阿奇的媽媽。但阿奇在飯店工作的薪水繳納房貸後，還不夠支應生活開銷。

為了小孩的教育費，阿美婚後決定放棄不太賺錢的會計工作，轉去大稻埕求師學裁縫。阿美從打版學起，一邊工作一邊照顧家庭，每天還回家煮飯照顧孩子。她以高級童裝為目標，也成功出師。

阿美因為做工細緻、做事俐落，生意非常好，在那個以件計酬的年代，月入十幾萬。憑著這份收入，阿美供養了家庭，並且讓兩個孩子就讀私立學校，而先生的錢，仍然持續投入房貸及阿美的戶頭，讓她一起存起來投資。

阿美的妹妹看到姊姊靠著技藝賺到錢，也去找了個餐館拜師學藝，心想若有一技之長傍身，至少餓不死。阿美得知很開心，自己以身作則，驅動了妹妹去學做菜。

身懷一技之長的阿美，靠著收入跟理財的精準度，成功在台北買房落腳，更為孩子存下一筆筆的教育基金，讓孩子能夠讀最好的學校。阿美本來以為，可以一直這樣好好生活下去，沒想到最終她卻為了照顧婆婆，而辭掉工作。

如果我不扛起來，就沒人會做了

阿美的婆婆出身大戶人家，先生是入贅，因此婆婆常常覺得自己高人一等，與丈夫貌合神離，婆婆外遇生下的小孩，也大方帶回家，導致家庭關係更加破裂。

阿美的先生阿奇是老么，上面有兩個姊姊與兩個哥哥。阿奇家裡算是滿有錢的，當時他們搬到台北可以落腳在民生社區，經濟狀況算是很好，只是媽媽不善理財，因此孩子對於金錢的使用調度大起大落，尤其是大姊。

大姊沒有固定工作，收入很不穩定。她的興趣是到處投資房地產，但沒有思考自己是否有能力償還，因此在繳了頭期款後，便回家求助媽媽，這時媽媽就把阿奇叫來，要十六歲的他去工作賺錢還房貸。阿奇因此沒有升學，早早就出社會工作。

媽媽年紀大了以後，除了她最不喜歡的孩子阿奇以外，其他孩子都不願照顧她，最後是阿奇跟阿美商量，由阿奇來照顧，而阿美也為此辭掉工作，專心照顧失智的婆婆。

婆婆對阿美非常不好，不僅在家裡挑三揀四，更常常跟左鄰右舍造謠被阿美虐待，導致街坊鄰居以為阿美很不孝。阿美也曾經跟婆婆吵到叫她去住其他兒女家，結果兒女皆以「照顧不來」為由，把婆婆送回來，最終還是阿美負起這個責任。

有人問阿美，為什麼要做這麼多？先生又不是最大的小孩，其他人都擺爛，她不用急著接起責任吧？

阿美總是回答：「如果我不扛起來，就沒人會做了。我做大姊的，從小就習慣照顧大家，把事情都安排得妥妥當當，我做不來我會說，我現在做得來我就撿起來做。」阿美用這句話總結自己的辛苦付出。

阿美常常說自己的個性很堅強，也常被人嘲笑控制欲很強，但阿美總是告訴他們，她身邊的人都很「不受控」，做事亂七八糟、不瞻前顧後，如果自己不持身自愛，就會造成他人的麻煩。由於阿美對事物的掌控欲很強，因此對循規蹈矩有著驚人的追求，連帶影響到睡眠，一天往往只能睡兩三個小時，就會趕快起床忙東忙西，深怕有哪些事項失去了控制。

因為自己的堅持與規畫，才能讓身邊的人都步上正軌

辛苦了大半輩子，阿美迎來了苦盡甘來的日子。

「婆婆的告別式辦完後，我覺得我終於解脫了，所有不受控制的人都離我而去，

真是太好了。」

阿美覺得因為自己的堅持跟規畫，讓周遭的人都步向正軌，這歸功於她的「有想法」。

「我跟朋友聊天，她們都不會想到這個。我跟兒子私立小學的媽媽比較聊得來，她們做事情比較有規畫，也想得比較遠，所以我跟她們一樣。不然我們現在哪能在台北市有房子，我跟阿奇的家庭背景跟工作收入，很難有這樣的結果。我們能夠翻身，個個孩子都能坐辦公室，也都是因為我想得比較多。所以，我也希望媳婦可以學我，這樣老公跟孩子比較不會亂來，這很重要，我會教她，也會幫忙，她就會比較輕鬆，比我幸福很多啦，有人教耶。」

阿美的媳婦表示，阿美常常說自己很負責任，非常清楚自己要幹嘛，就像一隻貔貅，很會存錢，錢進到她的口袋，就很難被掏出來。一定要等到阿美覺得可以拿出來的時候，錢才會放進她想要投入的地方。而阿美的先生、孩子以及媳婦，他們的所得多數都必須交給阿美「存起來」，甚至阿美會數落媳婦無法控制自己的先生跟孩子，應該多跟她學學才對。

阿美常常分享周遭家人的故事，用以證明自己對於金錢的使用與控管相當「有規畫」，很像「有錢人家受過教育的小姐」才會有的想法。

相較於阿美對金錢很有規畫，阿美的妹妹就完全不同了，她工作不太穩定，雖然結婚也不愁吃穿，但常常入不敷出。前陣子阿美的妹妹受到朋友推薦，把房子拿去貸款，再把貸款的錢拿出來投入基金跟股票，聲稱穩賺不賠。

阿美妹妹投資後，想當然爾，賠個精光，現在不只生活開支需要錢，還要還貸款，比之前更慘。阿美知道這件事以後，不停數落妹妹。

「我就不會這樣，我賺錢都是有自己想法的，每一分錢要去哪，我都有規畫。」每當跟別人說起妹妹的故事，在末了，阿美就會重複這句話。

但放任妹妹這樣下去，也不是辦法。阿美找來了妹妹的孩子，跟他們討論，如何控制她的開支，避免她繼續出紕漏。最終的解決方法，是將一部分的錢定存，剩下的部分，再到銀行設定定期轉帳，每個月將固定的生活費轉到妹妹的戶頭，供她日常花用。如果有其他額外的需求，再跟孩子或是阿美申請，同意了才可以獲得。

此舉引發了妹妹的激烈抗議，但妹妹的孩子都很贊成阿美的想法。阿美也很開心地跟大家分享，她又再一次通過規畫跟控制，制止了妹妹的荒唐行為，也幫妹妹一家預防了未來可能的危機，一切都是因為她的深謀遠慮以及精準控制。

不過阿美的媳婦私下透露，其實她比較欣賞阿美的妹妹，自由自在，比較少管別人，「不像我的婆婆，給我好大的壓力，大家都是成熟的個體，我幹嘛控制先生？這種控制法很上一代耶，我不喜歡，所以常常跟婆婆吵架，我先生不解決也要解決，否則我真的會離婚。」

或許成功翻身的長女經驗，不一定能夠直接複製到下一代身上。

CHAPTER 3

不當媽媽的長女

在我研究所畢業後，媽媽開始關心起我及兩個妹妹的「婚姻大事」。她總是問我：想不想結婚？如果不結婚，以後要怎麼辦？

當我過了三十歲，媽媽更急切地想要從我身上獲得答案。即使我有穩定交往的對象，媽媽也會時不時詢問，有沒有結婚的打算？以後要生小孩嗎？

當我很明確地跟媽媽說，我對於婚姻的興趣不大，但想要自己生小孩或是領養小孩，媽媽沉默了很久之後說：

「如果沒有要結婚，只想要小孩的話，那你不要自己生，更不要去領養，以後弟弟的小孩，你幫忙照顧就好了，自己弟弟的小孩比較親。你比較有能力，以後幫忙顧也是減輕弟弟的負擔。我也是這樣跟你另外兩個妹妹說，如果不結婚，就幫忙照顧弟弟的小孩。」

後來，我跟身邊的朋友分享這件事情，很多朋友說，她們的爸媽也說過差不多的話：「沒有打算結婚的話，就多幫襯哥哥／弟弟，幫忙照顧姪子姪女，以後如果老了，跟姪子姪女也會比較有感情，不至於孤苦一生。」

還有朋友笑著分享：「我爸媽甚至跟我說，如果以後我沒有要結婚，又有買房子，老了以後也可以過戶給我哥的小孩，肥水不落外人田。」

而我發現，我們這群朋友都是長女，或是家裡除了兒子以外唯一的女兒。

沒生小孩卻在育兒

隨著時間一年年過去，這群朋友在群組、社群媒體上最常分享的，逐漸變成育兒的心得。明明我們都沒有結婚，也沒有生小孩，卻紛紛投入照顧姪子姪女的行列。甚至，還有朋友連哥嫂家、弟媳家的家族旅遊都會跟著出席，原因多半是「哥哥／弟弟家裡沒辦法一打N，需要有人去幫忙照顧」。

當有人問我們，為什麼不請保母或送托嬰中心？

這時候，總是會有人說：「套句我爸媽／哥哥／弟弟說的：『你的學經歷那麼好，姪子／姪女給你帶，以後也能變得優秀，幹嘛去找一個不如你的人？』，唉，不是保母錢出不起，而是姑姑幫忙照顧更有發展性。」

在過去的社會中，藍領階級的女性，通常被教育要為家庭的利益做出貢獻。未婚前，在家要負起照顧弟妹、協助家務，甚至要幫忙負擔家庭開銷；婚後，則被期待回來幫襯家中的兄弟姊妹。特別是藍領階級的長女，因為家裡資源有限，更容易被犧牲升學的機會，導致未來就業的選擇較少。

隨著社會進步，國民教育程度提高，女性具備更高的教育程度，也提高了就業選擇的機會，經濟能力也隨之上揚，這影響了女性投入婚姻的年齡，甚至有不少女性選擇只戀愛不走入婚姻。

然而，那些沒有踏入婚姻的女性，卻不必然能夠獲得獨立自主。更令人驚訝的是，她們反而以「阿姨／姑姑」的姿態，更加融入手足的親屬關係。

沒有孩子的阿姨們

天下雜誌曾在二〇二二年發表〈「沒有孩子的阿姨／姑姑」如何成為新世代女性的目標？〉一文，討論「潘克族」（Panks）這個當代特有的文化如何逐漸蔚為風潮。[1]所謂的「潘克族」，是創辦「酷阿姨」網站的紐約作家兼企業家諾特金（Melanie Notkin）所創造的詞彙，描述「受過良好教育、高收入，並深深愛著自己兄弟姊妹或朋友孩子的女性」，也就是所謂的「姨姨們」。

這些女性在成長過程中，由於教育程度高，且在職場上取得不錯的收入，對於可能中斷職涯的婚姻與家庭關係較不感興趣，卻對於作為「姑姑／阿姨」這項身分越來越正視，甚至可能成為新時代女性選擇的目標。

文中分享了《BBC》的一檔專題《沒有孩子的阿姨們》：

「英國心理學家卡羅琳就是這樣的例子，她常幫忙照顧八名手足的小孩，『我老是說我哥哥們已經成功代表我進行繁衍任務了，』她笑著說，『我很開心能陪著這些小朋友，又不用生小孩，也不用熬夜。』」

諾特金也分享她觀察自己以及周遭朋友的經驗，從原先想要有自己的孩子，到發現姪子姪女成為「生活的重心」，聚會時，話題也圍繞著「我姪子姪女／外甥外甥女」。

這些潘克族的姨姨們，因為擁有良好的教育程度，並不認同走入婚姻即要承擔傳統對於母親的期待，而成為阿姨跟姑姑則可以更自由地掌握家庭關係與責任；由於她們不受既定角色的約束，更能讓孩子看見女性在當代社會能夠有什麼樣的選擇。

然而，這只是理想狀態，文末也討論了，在強調傳統親屬關係的東亞社會，這樣的現象還不被認可，而其中牽涉到的責任定位、遺產繼承等問題，也尚未被好好討論。

更進一步說，在東亞社會，成為這樣的「姨姨們」，究竟是新時代女性嚮往的目標，還是另一種對於女性的責任期待？對於像我以及我的朋友一樣，教育程度高、收入也高的長女，是否真的能夠減少她們身上背負的責任？

這一章，將藉由不同世代、不同階層未走入婚姻的女性經歷，來展開另一類長女的故事。

那些不當媽媽的長女，她們的故事，或許仍舊充滿著承擔的責任。

I 沒有過一天屬於自己的人生

阿敏從有意識以來，家裡就是務農的。

她是家中大姊，底下還有兩個妹妹，沒有弟弟。務農的家庭沒有男生可以傳宗接代，導致阿敏的媽媽一直被人指指點點。阿敏的媽媽是聾啞人士，爸爸是家中次男，本來跟大哥一起務農，但大哥後來去台北做工，家中幾塊薄田還是需要有人耕作，所以，阿敏的爸爸留了下來。

國中畢業就進入紡織廠工作

阿敏一直都很自卑。小時候她因為發燒，導致身體發育不全，左右腳生長不均，走路一瘸一拐的，常常被人嘲笑。加上家境不好，阿敏就更加自卑了。

爸爸務農的收入很少，阿敏早早就認知到這一點，為了家庭以及妹妹們的求學，阿敏國中畢業後，立即進入紡織廠工作。

阿敏曾經渴望結婚，擁有自己的家庭，也曾想過如果沒有結婚的話，在妹妹長大後，卸去了經濟負擔，自己可以透過函授、空中大學，取得較好的學歷，去從事其他工作。

但看著辛苦一生、慢慢變老的父母，以及自己無法正常行走的雙腿，再加上許多親戚耳提面命要她好好照顧爸媽，以後就算結婚，也要把爸媽接過去住。種種考量下，阿敏漸漸放棄了人生的其他可能。

但阿敏的付出，終究是被辜負了。

大妹高職畢業後，去到台北的髮廊工作。但也許是都市的紙醉金迷，又或是生活不易，大妹沒多久就離開髮廊，轉向酒店工作。酒店為大妹帶來很多收入，所以她每次回家總是帶回許多台北的奢侈品，以及城市女性的風采，同時也會帶一些化妝品跟保養品給阿敏，希望她多多打扮，有機會就嫁人。

看著耀眼的妹妹，阿敏總是笑笑，偶爾她會偷偷化妝，但很快就擦掉。擦掉臉上的妝，也擦去自己對於生活的遐想。

至於小妹，並沒有繼續升學，國中畢業就到台北親戚家寄宿，學習做頭髮。小妹長得清秀，生性又安靜，親戚髮廊的客人很喜歡她，常常指名她洗頭或做些學徒可以做的髮藝，但這些本來可以讓學徒抽成的洗頭費、協助燙髮上捲子的費用，都被親戚以許多名目苛扣起來。

喜歡她的不只客人，還有親戚的先生。後來，小妹被親戚趕了出去，失去了居住的地方，也失去了工作。

在台北沒有立足之處的她，據說去了工廠。再後來看到她時，手裡抱著一個男嬰，父不詳。

其實我們都知道孩子的父親是誰，就是一個在工廠工作的非法中國移工。他百般照顧心理受傷的小妹，最後兩人就在一起了。但因為身分不合法，孩子沒辦法入戶口，小妹只好把小孩帶回老家，愁眉苦臉地希望大姊阿敏幫忙解決。

就像過去功課不會寫、上課需要吃飯錢，任何事情，小妹都找姊姊解決。

阿敏的爸爸看到男嬰其實很開心，這代表他們家族有後了。他跟阿敏商量，希望阿敏過繼這個小孩，跟自己姓，以後孩子就是他們家的了。

那時候的阿敏，僅僅三十歲，她對愛情、婚姻還有憧憬，但面對一生都沒有兒子可以傳宗接代而被嘲笑的父母，她只好退而求其次，先養著，確定小妹跟先生不要之後，她再領養。

婚姻之路越來越遙遠

小妹在男人得到合法身分後，登記結婚，並繼續跟男人有了第二、第三個孩子，一家人住在台北，但他們並未把第一個孩子接過去，而是把他留在鄉下。

這個被留在鄉下的孩子阿偉，在長大過程中，受盡嘲笑。雖然阿敏跟家人不斷叮嚀親戚，不要讓阿偉知道自己的親生母親就是阿姨，但窮苦之人通常會欺負比自己弱小的人。

阿偉從幼稚園開始，親戚就笑說他是共匪的小孩。共匪不要了，所以丟回來，血統不乾淨。阿偉因此掄起拳頭跟嘲笑他的人打架，讓阿敏跟阿公阿嬤頭痛不已。他們阻止不了親朋好友的訕笑，過去無法，現在也沒辦法。

阿敏對於阿偉這個突如其來的孩子，沒有多大的喜愛，反而有些厭煩。隨著阿偉的長大、調皮，甚至惹事，都讓阿敏承擔了更多不屬於自己的責任，也讓她越來越遠離嚮往的婚姻生活。每當小妹回來時，阿敏總是偷偷問她：「要不要把阿偉帶回家？」小妹總是說：「台北的房子太小住不下」。

阿敏不只要負擔小妹不要的孩子，大妹也會跟阿敏借錢。

大妹偷偷生了一個男嬰，對方只想要小孩，不想要結婚。最後，大妹把孩子留給對方，自己迅速跟另一個男人懷孕、生子。不過，對方的家人一樣只願意接受孩子，但這次大妹並沒有退縮，而是跟孩子一起住進孩子爸爸的家，專心照顧小孩，偶爾回到老家看爸媽，也會私底下跟阿敏偷偷借錢，但是從沒還過。

破萬元的電信帳單

這時，阿敏已經三十有五了。

後來，阿敏因為一件事情，成為大家的笑柄。

現在很多人拿起手機，打開交友軟體，手指輕輕左滑右滑，配對成功時，就可能發展下一步；配對不成功，也沒有損失，再滑下一個就可以；現在也有語音聊天的交友平台，用聲音吸引對方，再看要不要約見面。但二十幾年前，想要找對象，或者純粹想要尋求慰藉的管道並不多，0204專線是其中之一。

0204專線，是智慧型網路付費語音服務，收取高額的通話費，以分計費。頭腦動比較快的人發現了商機，便以情色內容吸引尋求慰藉的男男女女。後來，0204

專線也成了色情付費電話，一分鐘從二十元到幾百元不等，一通電話下來，好幾千跑不掉。

某天，阿敏家收到了電話帳單，上面顯示的電話費高達上萬元，幾乎佔了阿敏一半的薪水。阿敏的父母不識字，只看得懂數字，他們看到數字那麼高，擔心是不是有什麼問題，於是跑去問親戚。親戚很不厚道，只跟阿敏的爸媽說：「阿敏打電話啦，打去那種不死鬼（put-sú-kuí）所在，佇遐聽人喔咿喔咿咧叫啦。阿敏可能咧肖翁。」（打去那種不要臉的地方，在那裡聽人呻吟。阿敏可能非常想要丈夫）

阿敏回家後，看到親戚對著她偷笑，爸媽則把電話帳單拿出來，問她是怎麼一回事。阿敏不敢說實話，而說自己被投資的騙了。她打電話過去，聽了很久，才發現對方想騙她的錢。她只是想著自己這樣的薪水，以後阿偉想讀書可能支付不了，才想要多賺一點錢。阿敏聲淚俱下，爸媽也抱著她一起哭。

或許，這個淚，是他們哭給自己的，哭給一直以來雪上加霜卻無能為力的自己。

在那之後，阿敏再也沒有打過0204。偶爾一些鄰居會對她言語性騷擾，但阿敏知道自己如果鬧，只會換來更丟臉的對待。於是，她投身工作，加更多的班，也更認真教育阿偉，希望阿偉以後不要像自己、像阿公阿嬤、像他們全家一樣，被嘲笑。

疾病意外來襲

阿敏看到姪女因為讀書，講話可以越來越大聲，所以她也很喜歡跟姪女聊天，從中聽到女性要獨立、不用靠其他人等等諸多想法。

每次阿敏跟姪女或者是嫂嫂聊天，她們都會鼓勵阿敏，繼續升學，不用為家裡犧牲奉獻到最後一刻，說她還年輕，還有很多可能。阿敏雖然覺得很困難，但她感覺社會似乎越來越不一樣，或許自己以後看得到，甚至做得到。

對人生重燃希望的阿敏，三十八歲那一年，在加班騎機車回來的路上，被一輛車撞倒。車主趕緊停下來，問她有沒有怎樣。阿敏沒有外傷，也沒有腦震盪，對方於是給了一筆小錢私了。對於公權力沒有好感也不信任的阿敏，拿著那筆錢回家了，一切照舊地生活著。

半年後，阿敏開始感覺不對勁。起初是血尿，後來開始便血。阿敏以為是三餐不正常導致胃不好，於是吃了一些成藥。後來，她開始變得沒有精神，體重也持續下降。這時，周遭的親戚勸她去醫院看看。阿敏過完清明節，找了一天去醫院。但那一天以後，她再也沒出院。

醫院幫阿敏做了各種檢查，查出胰臟有問題，要她立刻住院。

阿敏被醫生診斷出胰臟癌，癌細胞已經擴散，若做化療，生存機會是一半。一半的存活率並不低，所以醫生希望阿敏可以好好治療。

阿敏問醫生，化療要花多少錢？醫生說了一個數字，那個數字多少，阿敏沒有說，只是喃喃自語地說：「這可以給阿偉讀書讀到高中畢業，我現在不能工作，是要讓阿偉跟我以前一樣嗎？」

幾天後，阿敏跟醫生說，她放棄化療。醫生於是給了她可能的存活時間，並要她好好地、快樂地度過接下來的日子，痛了就吃藥，不要勉強自己。

這樣的窮苦人家，在鄉下醫院裡，醫生見過太多。醫生知道他們的苦衷，不會勸他們一定要做化療。老實說，罹癌的窮苦家庭，很少有曙光。所以，趕快趁這個時間把想做的事情做一做，這也是醫者仁心。

阿敏沒讓父母知道自己剩下的時日不多，她聯絡妹妹，希望辦理阿偉的正式收養關係，這樣以後她的財產可以支援阿偉至少讀到高中。如果保險有理賠，可能可以讓阿偉讀到大學。

好想把沒做過的事都做一遍

阿偉自從知道阿敏阿姨生病後，就變得很刻苦、很聽話，也很努力讀書，他希望阿敏阿姨不要生氣，可能就可以活久一點。

阿敏確診罹癌三個月後，她帶著妹妹、妹夫與阿偉，一起去辦了收養手續。阿敏私下跟妹妹說，她留下來的錢要讓阿偉讀書，因為讀書才有將來。她會這麼說，是看到姪女因為念書而翻身，所以她知道自己這樣想沒錯。

阿敏也抽空去找了大嫂與姪女，在那次聊天中，阿敏握著大嫂的手說：「阿嫂，我不想死，我真的不想死。我想把阿偉養大後，再去把年輕時沒做的事情都做一遍。但是，我沒時間了。」

還不到那年的中秋，阿敏就走了。

迴盪在大嫂跟姪女耳邊的，一直是那句「我不想死，我真的不想死。」阿偉在阿敏生命的最後一刻，叫了阿敏「媽媽」，聽說阿敏是含笑走的。

阿敏走了以後，阿偉繼承了她的財產。但是那些原本要用來讓阿偉翻身讀書的錢，最後還是被巧取豪奪地分走了。留下的錢，只夠阿偉讀完國中，義務教育，不得不讀。

後續幾年，阿敏的爸爸媽媽相繼過世，阿偉於是回到了台北的親生父母家。他半工半讀考上了警校，領著獎學金完成了學業。畢業那年，陪他參加畢業典禮的是親生父母，但他在社群平台上感謝的是，阿敏。

再後來，阿偉順利成家立業，在每個他走過的風景，他都會有一個小小的hashtag，寫著＃阿敏媽媽。

如果阿敏活到現在，這時候的她，可能會去讀書，也或許會騎著機車在台灣跑來跑去。總之，她一定會真正的做自己，做阿敏。

2 姊姊幫弟弟顧小孩也是應該的？

每次跟佳佳見面，她總是帶著女兒一起來。有著一頭捲髮的女兒，笑起來很甜，也很親切地跟大家問好，還會適時插入大人的談話，讓每次的見面都以歡笑收尾。

佳佳的女兒，其實不是她親生的，而是從弟弟家領養來的。沒錯，是領養，而非過繼，領養的過程充滿著灑狗血的情節，每次見面，佳佳總是不厭其煩地說給我們聽，最後再大大擁抱女兒，互相說最愛對方了，來展示她們的母女情誼。

原本想當頂客族

四十三歲的佳佳是大姊，底下有個弟弟，他們的家境不算差，大概是中產階級那樣的家庭。在學業上從不落人後的佳佳，一路順利地考上台灣大學，畢業後也很快跟同校的學長結為連理。他們彼此很有共識，就是要當頂客族，因為佳佳很討厭小孩，她認為媽媽就是因為要照顧她跟弟弟，所以選擇回歸家庭，放棄了自己的職業生活。雖然媽媽沒有掛在嘴邊，但隨著年紀增長，媽媽的寂寞跟悵然若失，佳佳都看在眼裡。

但顯然弟弟沒有看見媽媽的失落。

弟弟結婚後，很快跟老婆育有一子，也在生產後飛往中國工作，在當地落地生根，一邊照顧小孩一邊工作。小孩即將升上國中時，弟弟夫婦發生激烈爭吵，一度要訴請離婚，最後，弟媳決定再生一個小孩來鞏固感情。

懷胎十月後，呱呱落地的是一個女孩。

小孩出生後，夫婦感情並沒有變好，因此他們把這個女兒丟在家鄉，給「沒事做的」媽媽照顧，一年大概只回來一兩次。他們對於女兒沒有特別的情感，女孩對於父母也只有陌生的印象。

佳佳曾經問弟弟夫婦：「為什麼不把女孩接到中國？」弟媳回答：「吵架生出來的小孩，感覺不太吉利。」

接收弟弟不要的小孩

女孩三歲時，弟弟夫婦正式結束婚姻關係，在進行親權分配時，雙方都只想要大兒子的監護權，至於女兒，他們認為：「媽媽照顧得好好的，不然就媽媽照顧吧，也餓不死。」

那個時候，佳佳回家總是看到女孩睜大眼睛，呆呆地望向某一個點。都已經三歲了，還不會講話。

「我突然覺得好捨不得，就跑過去抱抱她。回家以後，我就跟老公說：『我想要照顧弟弟的女兒，你覺得如何？』老公那時候也很心疼她，所以，我們就把女孩帶回來照顧。媽媽也說做姊姊的要幫弟弟，這樣很好；而弟弟夫婦則覺得誰要顧就誰顧，不要叫他們顧就好。」

佳佳把女孩接回來後，女孩還是一樣安靜，不吵不鬧，很乖巧，總是靜靜坐在一旁，深怕給他們添麻煩。這時的佳佳跟老公已經四十幾歲了，他們從來沒有養育小孩的經驗，於是便詢問有孩子的朋友，要怎麼照顧小孩。

他們總是在女兒睡著後，檢討自己是不是可以做得更好，並且給予更多的陪伴與愛，希望女兒可以敞開心扉。

他們曾經帶女兒去看早療門診，醫生說女孩會講話，聲帶、舌頭都正常，只是不開口而已，這是心結，要從心理去治療。後來他們帶她去諮商，醫生也這樣說。去了幾次，女兒還是不開口。諮商師說，女兒沒有安全感，還無法敞開心胸。

「直到那一次，我去幼稚園接她。老師牽著女兒出來，問我是誰，我說『我是她媽媽』。那一天，我感覺女兒臉發光了，回家後，她對我說：『媽媽，我肚子餓。』

我跟我老公都哭了。」

原來女兒一直覺得只能暫住在這裡，所以當佳佳對老師說「我是她媽媽」時，女兒瞬間打開了心房，從此知道自己是有媽媽的。

於是，佳佳跟老公說，她想要正式領養女孩，這樣女孩也會安心，知道自己有爸爸媽媽，而且是疼她的爸爸媽媽。

當佳佳跟弟弟夫妻說要領養時，當時復婚的弟弟夫婦非常反對，尤其是弟媳，認為女兒是她生的，就屬於她的。佳佳要養她不反對，但領養或是過繼完全不行；弟弟也說，如果佳佳想養就養，但他也不贊成領養，「會破壞我們這個完整的家庭」。

爸爸媽媽也苦口婆心地跟佳佳說：「當姊姊的幫弟弟顧小孩也是應該的，以後我們會叫小孩也要孝順你們，幹嘛一定要用領養的，都是一家人，不要計較那麼多。」

佳佳想起以前弟弟闖禍時，媽媽總是要她幫忙收拾殘局，因為弟弟年紀小不懂事，做姊姊的不要跟他計較，縱使他們只差兩歲，但姊姊要承擔的責任就是很重。

當弟弟夫婦把小孩丟在父母家時，並沒有提供足夠的生活費，很多時候都是佳佳跟先生買東西、包紅包來給爸媽，才讓孩子不至於成為父母的負擔。

弟弟那麼沒有責任感，而佳佳永遠都要背負「做姊姊的責任」來為弟弟善後。佳佳越想越生氣，最後她找了律師，決定對簿公堂，以「遺棄小孩」的罪名起訴弟弟夫婦。

「我贏了，家裡的關係一度降到冰點，但我不後悔，我覺得女兒就像我，從小被忽略。他們一直認為我理所當然要承擔某些屁事，但這不理所當然，其實我討厭的不是小孩，而是不想背負一些被想像的責任。」

放下承擔的習慣

佳佳領養女兒後，家裡又發生了很多事情。先生因為遭受職場霸凌而失意離職、罹患重度憂鬱症。先生變得不跟佳佳對話，整天都躺在床上或是打電腦，把自己弄得跟鬼一樣。

佳佳於是把自己武裝起來，對外是個給先生面子又努力工作的職業型賢妻良母；對內一直勸解先生，忍受他各種無來由的冷言冷語，也把女兒照顧得無微不至。但那只是外表。佳佳坦言，那時她真的受不了。

於是，佳佳不停酗酒，她以加班應酬為由，流連在各大酒吧，藉由酒精折磨肉體來讓心靈獲得滿足。先生的重度憂鬱，讓佳佳不只重新回到過去承擔家庭重擔的角色，也讓佳佳無法獲得身心靈的滿足。

但是不停酗酒，並沒有讓佳佳變得更輕鬆，酗酒所導致的身體病痛就像罪惡感一樣席捲而來，佳佳因此更加倍對先生及女兒好。

這樣過了幾年，佳佳也開始進出身心科，每天吞下大把大把的安眠藥才能入睡。她曾經回娘家哭訴，但爸爸媽媽要她為了小孩多多忍耐，所以她忍了下來。直到幾年後的某一天，先生跟她爭吵時，打開窗戶說要跳樓，佳佳終於忍不住了，她對先生怒吼：

「我們現在立刻去離婚，我不希望你跳下去死的那瞬間，我還是你的妻子，我不想承擔了。」

先生這才知道自己已經把佳佳逼到絕路。那一刻，他們兩個抱著哭了一晚，但對他們來說，如何跟女兒說他們要離婚，卻異常困難。佳佳一度又想逃避，繼續睜一隻眼閉一隻眼。

某天，女兒突然在車上跟佳佳說：

「媽媽，我很愛你喔，就像你愛我一樣愛你，不是因為你會買東西給我，或者是帶我去玩，給我很多很好的東西，所以才愛你喔。因為我很愛媽媽這個人，也很愛爸爸這個人，所以，不管以後怎麼樣，我都很愛你們喔。」

佳佳一邊流淚一邊開車，回家後她跟先生一起跟女兒報告了他們想要離婚的事，女兒分別抱了抱佳佳跟先生，一樣說：

「我很愛爸爸媽媽，因為爸爸媽媽，我感受到了愛，老師說，愛就要說出來，所以不管你們去哪裡，或是沒有買東西給我，我都會很愛很愛你們，你們不要哭哭了。」

和平簽字離婚後的佳佳，和先生仍然住在一起，也辭掉讓自己倍感壓力的工作；而她的前夫，也因為女兒的一番話振作起來。現在他們還是住在一起，室友關係，同樣照顧著女兒，也各自有了對象。

因為女兒，佳佳了解到不必真的付出什麼，也能得到愛；也因為女兒，佳佳放下過去習慣承擔的長姊性格。她發現，原來不需要成為父母的小幫手，也能得到愛，不用照顧著其他人，也有資格活在世上。

後來聚會，佳佳總是跟我們說：「很多人以為，是我救了女兒，讓她有個很不錯的家庭；但我要跟你們說，是我女兒救了我，她讓我有勇氣去面對被虐待的自己，有計畫去解決本來視而不見的問題，我很感謝她。」

3 沒結婚，就應該當家族的保母？

小惠家裡最近誕生了第三個小孩，身為姑姑的她，一方面覺得很開心，又有新的孩子成為家中一員；另一方面也覺得有點疲憊，因為那代表身為家庭企業中唯一的單身女性，又要再度擔任起職代的角色。

她想起過去的幾份工作，都有這樣的現象，「女生好像走到哪裡，只要單身，就直接無條件當別人的職代，而且如果抱怨，還會被說很小氣。說這些話的那些單身男性，怎麼好意思開口？他們根本不會被考慮進來補位，根本是既得利益者啊！搞得這世界是女性彼此傷害一樣，真的很奇怪。」

靠自尊心過活又懂事的人

我跟小惠是在大學認識的，她是嘉義人，我是台北人，我們有很多共通點，喜歡的東西也差不多，就連手足的數量以及排序都一樣。

我們最常說的是：「我們都是靠自尊心過活又懂事的人」。

大學畢業後，我們一起在永和租房子。某次心血來潮，我們在中正橋下租了腳踏車，想說騎去淡水走走。但我們沒有意識到，從永和到淡水足足有三十六公里。加上我帶錯路，不小心先到新莊，硬生生加了四公里的路程。

我們租的是淑女車，由於是甲租乙還的服務，所以每台車子前面，都掛有牌子顯示這台車是從哪個地方出租的，以便從乙地歸還。我們車籃的牌子寫的是「永和中正橋」。我們一邊騎車一邊聊天，大概過了三重後，小惠指著旁邊的車說：

「阿慈，你看，他們的車籃寫著三重耶，那不就剛出發而已？」

我們意識到籃子上的牌子，不只是標示車子的租借地，更是一種勳章。隨著距離淡水越來越近，我們開始聽到周遭其他騎手指著我們的車說：「哇，超強的，從永和騎過來耶。」

我們相視一下，決定繼續奮勇向前。

前往淡水的路上，關渡那段是魔王關卡，全程幾乎都是上坡。路上遇到的車隊，都勸我們去坐捷運。但是，我們偏不要。

我跟小惠兩人非常有默契地咬牙騎行，大約過了三個小時，我們抵達了還車點。還車時，工作人員看著車籃的牌子，給了我們一個讚，讚賞我們的毅力，說我們很不簡單，因為很少人可以從永和騎到淡水。

我們顫抖著雙腿，一路微笑離開還車點，走到公車亭，兩人立即累癱坐了下來。

其實騎車中途，我們有非常多機會換一條較短的路，也可以隨時喊停，但我們有著莫名的自尊心，即便沒有任何人監督，我們還是堅持走自己選擇的路。

這也是小惠留在台灣讀書的原因。

努力做好榜樣，成為別人口中的好孩子

小惠家裡是開工廠的，從爺爺那代打拚到現在，做得有聲有色，家境變得非常好，成為資產階級。小惠的弟弟妹妹從高中就在國外求學，一路念到大學畢業，而小惠也在美國念研究所，一年數百萬的花費，都由家裡負擔。

小惠從小就展現良好的教育天賦，一路穩定升學，在校表現優異，也是家裡不可或缺的幫手。小惠曾經分享，她從幼稚園開始，就負責叫醒全家人。有次她去畢業旅行，兩天一夜，隔天回家後，爸媽跟她說，她不在的那天，全家都遲到。

小惠也一直努力做好榜樣，順利進入當地前幾志願的高中，再進入語言資優班；畢業後考上清華大學，成為別人口中的好孩子。

小惠對自己的規畫是，先在台灣讀到大學，研究所再出國深造。如此一來，既可以證明是靠自己的努力獲得成績，也可以在大學探索興趣後，再到國外進修相關領域的學位。

小惠的弟弟妹妹，功課沒那麼好，於是父母早早就送他們出國讀書，想說孩子在國外念書，以後也能幫助家裡的跨國業務。資產階級家庭，即使採取放任主義，但對於孩子的規畫，仍舊會以家族整體興旺的角度切入。家中成員向外求學，也被賦予了解當地的任務，評估未來是否有機會將生意拓展到該地。

小惠寒暑假常常不在台灣，多數都是出國遊學，或者去探望弟弟妹妹。有時候小惠會跟我們說，她覺得有點不公平，她希望讓父母放心，所以很懂事，考上了台灣還不錯的學校。可是弟弟妹妹卻因為課業表現不太理想早早就被送出國，看起來反而更符合台灣市場對於高級人才的想像。此外，美國幅員廣大，出外多半需要汽車，因此父母老早就幫弟妹買車，小惠覺得弟弟妹妹在國外自由生活的同時，還可以開車到處兜風，他們的青春比她更有活力。

不在台灣，就不會被問何時要結婚

不像弟弟妹妹早早出國，小惠是在大學畢業工作一年後，才踏上國外求學之路。她就讀的是美國排名頂尖的學校。表現良好的她，花了兩年完成研究所學業之後，便回到台灣。父親希望小惠直接到公司幫忙，而小惠則希望先在其他公司累積經驗。然而她應徵的公司，卻總是給她「overqualified」的回覆。最終她還是找到了工作，只是綜合考量下來，真的都是大材小用。

工作幾年後，小惠決定給自己一個改變的機會，她申請去加拿大打工度假，但她不像一般打工度假多數在餐廳或是工廠工作。小惠憑著優異的能力，進入了跨國企業工作。

在加拿大打工度假那兩年，是小惠人生最開心的兩年。

小惠跟我說，如果可以的話，她希望不要回台灣工作。

原因之一是國外勞工對於自身待遇與職場環境有著比較開放的態度，該放假就放假，不用有太大的道德壓力；二是在國外可以避免被問東問西，而這點對小惠來說，異常重要。

那時小惠已經三十歲了，在台灣社會中，這個年齡會被預設為應該有論及婚嫁的對象，甚至已經是待嫁、待孕的樣子。

「不管我表現得多好，或者傳達多少次我還不想結婚，從我差不多三十歲開始，每次回家，我爸都會問我：『有沒有對象？要不要相親？難道不結婚嗎？』好像沒有對象、沒有結婚的我，就是個有缺陷的人。」

我也幾度在小惠家裡聽到這樣的話，有時候會覺得我好像一起被訓話，但我們家畢竟是普通家庭，就算不婚不生，也沒關係。小惠他們家不同，每個孩子都有要扮演的角色，婚配也是其中一環。

小惠不想回台灣，也不想回家，因為那是個無時無刻提醒著她「任務還沒通過」的地方。

不過最終，小惠還是回家了。這次回家，家人安排她進公司工作。我曾經問小惠，不再來台北工作嗎？小惠告訴我，沒有理由了。家裡精心培育的人才，不留在家裡而去別人的公司奉獻，像話嗎？小惠這樣轉述爸爸的意思。

「我其實不是非得要出國，只是不出國，我無法離開家裡，無法不結婚，無法脫離我爸媽覺得好的人生道路。」

小惠回國後一直尋找重返國外的機會，但這次，小惠的選擇有限。除了結婚或因公外派，她已經找不到「合理」的理由出國工作。

家族裡的高級保母

小惠除了進入家族企業工作外，也順勢幫忙照顧弟弟的小孩。小惠跟大姪子的感情非常好，除了媽媽，大姪子最親近、最常相處的人就是小惠。

後來，姪女跟姪子陸續出生，小惠也從照顧一個小孩變成三個。小惠從協助照顧者，變成了主要照顧者。照顧小孩對小惠來說，別有一番樂趣。

只是，最近也有其他同事去生小孩，小惠發現到，當公司的「女性」同事請產假、育嬰假時，小惠就自然而然地代理起起她們的工作。原因很簡單，小惠未婚未育，工廠其他女性都有家庭，所以讓小惠這個單身女性接手溝通的成本最小；再者，小惠作為家庭企業的家庭成員，是一個可以信任的人，且隨時可以中斷代理。綜合以上兩點，小惠無疑是最好的人選。原本小惠能夠自由安排的假期與空閒時間，都變得不自由。這樣的不自由，帶著來自家庭的道德束縛，也讓女性在職場中的育兒問題，連結上家庭角色分工，變得更難主張自己應有的權益。小惠在訊息中跟我說：

「我覺得女生真的很辛苦，單身時無論是家裡還是公司，都會被一直推薦對象；結婚後，每個人都問你什麼時候要生小孩；等到生了小孩請了育嬰假，通常又會找另一個沒有育兒的女生來代理，彷彿這世界只有女生的存在，只有女生才能幫助女生一樣。如果稍微抱怨，大家還會道德綁架地說：難道你覺得女生不該生小孩嗎？搞得好像少子化是我們這些單身女性造成的。重點是，為什麼男生就不用請育嬰假或是代理他人的工作？真的很討厭。」

我曾經問過小惠，你們家境還不錯，幹嘛不請保母？

小惠跟我說：「我爸媽跟妹妹覺得，現在虐嬰事件那麼多，保母不一定安全。最重要的原因是，我的學經歷超好，給我顧不只家人放心，還可以保證小孩的發展不會歪掉。甚至看著我，就是一個好榜樣。家裡人不自己用還向外找，不合理。」

小惠說完後，我們看著對方大笑了起來。作為家中最會讀書的兩個長女，我也已經做好心理建設，當弟弟妹妹生完小孩後，會有請我幫忙照顧或輔導的可能。畢竟，可信任又優秀的家人，當然要留下來自己用。

我想起我媽曾經說過，如果我不想結婚，以後可以幫忙弟弟帶小孩。

弟弟連女友都沒有，而我的未來，已經在照顧手足孩子的單子上劃位了。

4 承接長女角色的二女兒

我認識小桃超過五年了。從她三十幾歲到現在過了四十歲，小桃整個心境變了許多。前陣子我們聊到最大的改變是什麼，小桃說：「大概就是我敢花更多時間在自己身上了吧。」

個性嚴謹，一句不合格就退稿

小桃比我晚幾個月進入公司，她的座位就在我的隔壁。小桃做的是財務類的工作，我則是公關，基本上沒有交集。但因為小桃非常會買零食，也常常分給周圍的人，因此，一來二去，我也就跟她熟悉了起來。

我們公司有兩個財務，一個小桃，一個阿雅，阿雅跟我同期進來，是外商公司體系出身，而小桃則來自公部門，兩個人的做事風格截然不同。阿雅做事比較大而化之，對於會計科目，很多時候只要保留解釋空間，阿雅就會讓採購通過；而小桃則個性嚴謹，每一個字句不合格都會退稿，常常讓承辦哭天喊地。

我跟小桃變熟後，有次一起吃午餐，小桃跟我說：

「我剛來一個月的時候，有一次聽到你跟別人說：『如果你們想要採購比較好過，可以找阿雅；但如果你們希望採購的簽呈跟項目不會出問題，那就找小桃，只是她比較兇喔。』那時候阿雅的臉色超難看，我也有點不爽。但後來，我覺得你給了我很高的評價。」

我跟小桃感情會變好，其實有跡可循。我們都是做事比較嚴謹的人，說難聽一點，就是完美主義。由於公部門很多行為可能在改朝換代後，被拿出來清算，甚至捲入官司，因此，很早以前，我的前輩就告誡，跟錢有關的，一定不能馬虎；小桃也不例外，他們做財務會計的，更容易因罪入獄。

小桃雖然不輕易通融，但她也會細心告訴承辦更改的理由以及方向。所以，雖然她很兇，但找她跑公文的人，實際上是越來越多。大家寧願忙一點，也不想有坐牢的風險。因此，小桃常常忙到很晚，有時候甚至還會幫忙關燈。而阿雅家中有小朋友要照顧，比較正常上下班，兩人彼此說好，也沒有互相埋怨。

任勞任怨，升遷一直無份

小桃常常買零食來公司分送給同事，她總是熱情推薦各項甜點美食，並且熱情詢問我們的感想，只要我們吃得開心，她就會一臉幸福地去工作。那些零食很多是進口的，不便宜。小桃卻總是說：「我很喜歡看到大家吃我推薦的東西很開心的樣子，那樣我會覺得被肯定了。」

小桃的任勞任怨以及謹慎，讓她不管到哪裡工作，都時常獲得主管的賞識，許多重要的工作都會交由小桃處理；然而，在升遷上，卻很少出現小桃的名字。這份工作也是，小桃來沒多久，就離職了。離職後的她，迅速找到新的工作，但沒多久又再度離職。

有次，小桃向我坦承，她一直想要證明自己過得很不錯，但找不到證明。其實跟周邊同事相比，她已經是表現不俗的人；但跟同儕或像我們這樣的朋友比，又輸了一大截。所以，她一直努力在工作之餘進修，也積極考取其他證照，希望可以讓收入跟薪資有所增長。

但是小桃一直沒有獲得升遷，當她在原本的工作做了好幾年以爭取升遷時，主管嫌她在同一個工作做太久，失去創新能力；而她離職後到了新公司，新主管又希望她先累積年資、人脈，再來談薪資跟發展。這樣一來二去，也將近二十年。現在她看開了，不想幫她加薪的，會說她常換工作，穩定性不高；而要聘用她時，又看上她跨領域經驗豐富。

「老闆跟我媽一樣，都會說信任我、看重我，然後把工作跟責任都丟給我。」小桃無奈地說。

末班車才回家

小桃的爸爸很早就過世了，她排行老二，上有姊姊、下有兩個妹妹，家裡的房子是貸款買的，登記的是小桃的名字，所以理所當然的，繳納貸款的責任也落到小桃身上，但小桃事前完全不知情，等到木已成舟，只能接受。

有陣子，小桃常常約我在外面吃飯聊天，直到末班車來了才回家。我後來才知道，因為她跟媽媽睡同一個房間，因此回家後，還要面對媽媽的各種埋怨，壓力非常大。

小桃家裡有三間房，大姊說自己有精神疾病，需要自己一間；小桃跟媽媽一間、大妹跟小妹一間；後來大妹結婚了，小妹就也自己一間。於是，整個家裡只有小桃跟媽媽沒有獨處的空間。

小桃說媽媽已經退休了，但還是要出去工作，最大的原因是大姊。大姊本來在一間很好的公司上班，薪資優渥，但某次出差回來後就辭職了，並且不願意再出去工作。媽媽勸不動也不忍心，無奈退休金不夠養兩個人，只好再去工作。

媽媽因為年紀大了，回家有時候會抱怨工作的疲憊，或者有意無意地說朋友都是兒女奉養，而自己老了無法退休等等。大姊這時候就會跑回房間，大力關門表達自己的煩躁；而小桃無論是進房間還是留在客廳，都會成為媽媽的情緒垃圾桶，偶爾反駁還會招來長達整晚的碎唸，或是冷戰，最後小桃還得綵衣娛親，才能讓家庭氣氛不尷尬。

小桃的妹妹做的是業務，收入非常高，她總是要小桃轉職，跟自己一樣去當業務。小桃覺得自己不擅交際，現在的財務工作拿手又不討厭，雖然薪水不高，但也是不錯的工作。小桃的妹妹總是說小桃太消極，難怪只能領低薪。小桃有時候會反嗆妹妹，說她整天在外面工作，家事都丟給媽媽跟自己，如果自己也跟她一樣，那不是累死媽媽？這時候妹妹也會跑進房間，獨留生氣的小桃。

至於大妹，她婚後很常回娘家，多半是把小孩帶回家，然後出去辦事或是赴約。而小桃跟媽媽就成了當然的照顧者，小桃常常週間要工作，週末則要幫忙帶小孩跟做家事，還要被唸不求上進，但家人都沒有問過小桃，她是否有意願、有時間做這些事情。

於是，小桃安排了週末的課程以及旅遊，打算徹底放掉這一切。幾次以後，媽媽跟妹妹們都質問她為什麼都往外跑。

小桃哭著敘述自己的壓力很大，快四十歲了，工作依舊不順心，也沒有時間與精力去找對象，還因為壓力大靠飲食舒壓導致肥胖，進而高血壓纏身。回到這個家，彷彿每件事情都是她的責任，結果她的工作還被嘲諷沒有發展、薪資被酸不夠高，自己做什麼都不受肯定，唯一的功能就是要幫忙做大家不想做的事情。為什麼要把她當成工具人，她也有人生想要追求。

「後來呢？」我問小桃。

小桃說：「我跟她們大吵一架後，她們說我週末至少一天留在家裡幫忙，其餘時間要去哪都沒關係。我已經反映我的想法，結果還可以啦。」

學著把時間花在自己身上

前陣子，小桃跟我同樣去找營養師減肥，小桃測出來的其中一個肥胖源是壓力。小桃說在營養門診，她簡直把營養師當心理醫師在聊，她希望透過減肥緩解高血壓以及其他疾病。其他的肥胖來源，營養師能夠透過飲食規畫跟運動菜單來調整，唯有壓力，需要小桃自己紓解。

「壓力型的肥胖最難瘦耶，那你怎麼辦？」我問。

「我嗎？我現在有把注意力放更多在自己身上。只要覺得有點失衡或怪怪的，我就會自己去走走。前幾天，我坐火車去宜蘭看海，好熱，但我覺得很舒壓。原來，我也能夠什麼都不想地去冒險、去享受太陽。」

看到小桃的改變，我很開心。聊著聊著，聊到買房子，我問小桃，為什麼家裡的房子是登記她的名字，有什麼特別的原因嗎？

「因為我媽怕給我妹她們的話，房子會被賣掉，給新的家庭或者是拿去投資；

而她信任我，就算有天她走了，只要有房子，我就會繼續照顧我姊。我有時候都在想，擺爛真好啊，像我姊一樣，還有媽媽疼。而我媽只會叫我體諒她、懂事點，到底誰才是姊姊啊？」

說完後，小桃突然從包包拿出一本素描本，裡面有很多繽紛的畫作。小桃說她最近去上了畫畫課，每個週末都會跟班上去寫生，老師說她畫得不錯。

「我一直很想學畫畫，但就是體諒爸媽辛苦，所以都忍住。出社會後，沒有時間也沒有機會去學。上次我不是跟家人吵架嗎？那次以後，我就看開了，我就學著把時間放在我自己身上，他們愛唸就讓他們唸，我沒有那麼沒良心撒手不管家裡，但我也要有自己的人生，就算回家被酸被罵，只要畫畫，這些聲音就會被隔絕在耳朵之外了。」小桃邊畫邊說著，最後，她突然抬頭對我說：

「你跟我一樣，都太為別人著想，你要好好照顧自己，找自己的興趣喔！」

5 滿足父母期待的長女

在本章中，幫妹妹養孩子的阿敏，以及領養弟弟孩子的佳佳，她們都是家中長女，無論是否結婚、離家，在家裡其他手足失去功能的時候，身為長女的她們都會被召回家裡，協助家中其他成員承擔起應盡的責任，例如提供金錢援助、照看手足，甚至年邁父母的長照、孩子的養育等等。如同小時候，長女長大成人之後，依然被期待承擔起幫忙父母照顧弟妹的責任。

這樣的責任，通常不是短期的人力補充或是壓力分擔，身為長女、長姊，多半會半推半就扮演起長期且重要的角色。

她們或為家中的補充人力，或協助手足解決問題，總之，在能力範圍內，她們盡可能滿足父母的期待。甚至，有些長女結婚時，也要滿足家族企業的需要。

報章雜誌當中，時常有跨國企業、上市上櫃公司接班人的描述，而報導中著墨較深的，往往是公司繼承人。通常我們會看到，如果是已經有明顯繼承人的家庭，家中女性成員多半會與其他商業巨頭的同輩聯姻，藉以更加穩固家族企業。若無明顯接班人或是早已指名由長女繼承的企業，也會強調其與某門當戶對巨頭的婚姻，以及日後對於經營權的規畫。

如同王族一般，這些長女存在的任務之一，就是要延續家族的勢力與地位。因此，在學生時代她們無論在國外表現多優秀，多半會在婚配的年紀回到國內學習輔佐，甚至接管家族資產、企業經營，或是聯姻。

前文小惠的父親，在小惠差不多可以婚配的年紀，就積極介紹客戶或是合作對象的同齡孩子給女兒認識，希望精心培養的女兒不要受委屈之餘，也能發揮加乘的效果。

懂事、負責任、自尊心高

在這裡，我忍不住好奇：為什麼長女總是盡可能滿足父母的期待？

賓州州立大學退休教授麥克海爾（Susan McHale）指出，[2]爸媽在面對第一個小孩時，較為謹慎，專注於把孩子養好，從成長到成績，從交友到交往都管理嚴格，如同俗話所說的「第一胎照書養」，因此，在第二個手足出生以前，父母對於第一胎多半是依據周遭親友的經驗或是育兒相關書籍的指引，這些所謂的「他人意見」作為教養的依據。

因此，長女常有幾個獨特的性格：懂事、具有責任感，以及自尊心較高。

在手足出生後，父母必然會將部分注意力轉移至更幼小的孩子身上，並希望年紀較大的孩子可以「體諒」父母，甚至可以「幫忙」。而在懲罰手足時，多數家庭也與年長孩子連帶，如同我弟弟妹妹犯錯，媽媽會連帶懲罰我一樣。此外，父母也會希望年長的孩子做好榜樣，成為父母心中完美小孩的替身，並對於年幼的孩子發揮領導作用。

在這樣的情形下，長女便很容易成為懂事且富有責任感的小大人，一方面降低父母的注意力，讓父母可以更加關照幼小的弟妹；另一方面則是要做好榜樣，進而養成責任感，讓父母安心，也降低自己連帶受罰的可能。在做好榜樣以及要幫忙解決問題的情況下，長女養成了無法把事情交給別人、凡事都要靠自己解決的高自尊心性格。這樣的性格，讓長女在家庭裡、校園中、職場上，甚至各個有責任分工的地方，總是會過度承擔起他人的責任。

那是因為作為長女的我們，很常聽到的一句話就是：「做弟妹的榜樣」。

奮勇向前的長子與長女

五百田達成在《悶悶不樂的長子長女&不負責任的么子么女》一書中，[3]也有這樣的觀點：

「長子長女出生時就是家裡的『第一個孩子』，沒有其他範本可供參考。父母也是第一次養兒育女，因此總是不斷在失敗中求進步。於是他們（長子長女）會遭遇各種困難，習慣在人生中做選擇，無論大考或求職，都會出現『先做再說』這種奮勇向前的傾向。但在背後，也看得出來他們雞婆個性的責任感使然，認為『自己不開創道路的話，後面的人將無以為繼。』」

由於父母不是生下孩子就可以啟動內建的養育雷達，對於教養孩子也是逐步摸索。因此，第一個孩子不僅會是父母的初登場，也是跟社會證明自己有能力教養孩子的示範。因此父母對第一個孩子常常是愛之深責之切，而長子長女也會影響父母對新世代與新世界的認識。

在我國小五年級時，老師教了輾轉相除法，我完全聽不懂。回家跟媽媽哭訴我的挫折。沒多久，媽媽就親自教我輾轉相除法。國小五年級結束時，老師因為結婚要離開學校，特別跑來跟我說，媽媽有去詢問她什麼是輾轉相除法，並且希望老師教她讓她可以回家教女兒。老師教了，媽媽學會了，我也學會了，老師勉勵我不要氣餒，有這樣的媽媽，我的未來無限可期。

我謹記這件事情，隨著我的長大，媽媽也接觸更多事物，有時候我回家，發現媽媽聽的歌比我更貼近流行，媽媽就會說：「我常常聚在一起的朋友都說我很年輕，會很多年輕人的東西，我都跟他們說是我女兒教我的。」

我因為就讀社會學系以及曾在政黨工作，對於較有爭議性的議題有一定的涉獵，也會回家跟家人分享。有次，媽媽盯著手機愁眉苦臉，我問她怎麼了，她告訴我：「昨天傳了一個性別平權的東西給群組裡的阿姨，她們說同性戀不好會斷子絕孫，我說你們在學校學的不是這樣，要尊重每個人的性傾向，結果他們就說你們學校都在亂教，今天就傳很多你說是錯誤訊息的圖片，我不知道要不要跟他們說他們錯了……唉……。」我只好笑著跟媽媽說：「不用傳啦！我怕你沒朋友，下次遇到那些聽得進去的人再說就好。」雖然作為長女，好像背負著開天闢地的義務，但也能夠成為父母看見世界的優先管道。

不過，雖然長女的以身作則，對於整個家庭來說像是開天闢地，但在亞洲社會，特別是儒家文化的東亞，這樣的教養方式，卻讓長女產生了另外一種感覺：「我要背負著這樣的責任到什麼時候？我能夠做自己嗎？」

韓國新興詞彙「K—長女」

韓國這幾年出現了一個新興詞彙「K—長女」，指的是Korean長女。而「K—長女」的詮釋便是「這輩子無法做自己」。

精神醫學家梁在鎮與心理分析師梁在雄在《連我都不瞭解自己內心的時候》一書中是這樣說的：[4]

「許多長女長子從小開始就會被父母賦予『照顧弟妹』的使命感，有時候還需要承受『老大表現得好，其他兄弟姊妹才會效仿』的壓力。因為是長女長子，比起其他兄弟姊妹，多半從小就背負著偌大的責任。在這種情況下，長男雖然要承受家裡的責任，但相對地也會獲得諸多補償。相較之下，被賦予義務的長女卻無法獲得相對的權利。」

他們接著補充：「雖然現在這種情況已經好多了，但基於重男輕女的思想，在大多數情況下，兒子仍被視為家中的資本，在教育方面獲得更多支持；而女兒卻必須投身至生活的前線，這也是最近在韓國出現『K—長女』這個新興詞彙的背景因素。」

在書中，兩位作者提出一個數據，在韓國，去精神健康醫學科就診的女性當中，長女的比例最高。在診療過程中，很多長女會不斷提到，父母或是年長者從小耳提面命，她們必須成為一個有用的人，且不能拒絕來自上位者的請求。作者作為精神健康醫學的專業醫師，認為會有此現象，是因為這些女性的個人價值並不被認可，加上女性感知情緒的能力較男性敏感，因此長女們會更傾向依據父母的期望活著，由此得到認可與讚賞，進而讓她們感覺到自己是有價值的。

長女就是鍾無艷

有次我跟朋友聊天，我問她，說起長女，你會想到什麼？

朋友不加思索地說：「鍾無艷」。

《鍾無艷》的故事背景在春秋戰國，梅艷芳飾演的齊宣王利令智昏，寵幸張柏芝飾演的美人夏迎春，冷落鄭秀文演的皇后鍾無艷。但鍾無艷實在太厲害了，幫齊宣王打贏了很多場戰役，因此，齊宣王雖非常依賴鍾無艷，卻仍把寵愛分給夏迎春。

於是，誕生了一句超經典的台詞：

「有事鍾無艷，無事夏迎春。」

鍾無艷，其實就是長女的寫照，但我們也想變成夏迎春。

長女是爸媽的心腹大將，是家中最重要的孩子，懂事、有責任感，願意為家裡、為父母衝鋒陷陣，但獲得的寵愛卻總是不如付出的多。

台灣社會學家林宗弘的研究提到，在父權體制下，長女常常犧牲學業並被要求提早進入勞動市場，分擔父母的經濟壓力，以便成就弟妹的教育。[5]就像我的母親阿雀一樣，即使成績能夠上嘉義女中，仍舊被迫放棄就讀高中的機會，直接進入職場。當她習得美髮這個一技之長的同時，也為家裡帶來收入，讓年幼的弟妹得以持續升學。

隨著台灣經濟的成長，林宗弘的研究顯示，台灣女性的勞動參與率顯著提升，大學以上的勞動力擴張，尤其是女性的比例更成長了將近一點五倍，也就是說，擁有大學學歷的女性勞動力比過去多了一點五倍。之所以會有這種差異，原因之一是父權家庭過去對於女性（特別是長女）的教育歧視有了改善。

當代台灣社會與過去相比，性別顯然平權了許多，有越來越多女性接受高等教育，並且在收入較佳的工作崗位嶄露頭角。然而，回到她們的原生家庭，這些當代出生的女孩，卻不一定真正擺脫得了父權社會下重男輕女的老舊觀念。

下一章，我將聚焦從未消失的「重男輕女」，探討當代性別平權教育下，這些長女，或者是有長女個性的人，如何找到自己的改變契機。

1 田孟心（2022年1月21日）。「沒有孩子的阿姨／姑姑」如何成為新世代女性的目標？。天下雜誌。https://www.cw.com.tw/article/5119859。

2 Sloat, S. (2023, Nov 14). *The Plight of the Eldest Daughter*. The Atlantic. https://www.theatlantic.com/family/archive/2023/11/first-born-children-eldest-daughter-family-dynamics/675986/

3 五百田達成（2019）。悶悶不樂的長子長女&不負責任的么子么女：從「家中排行」分析性格特質&溝通方式（蔡麗蓉譯）。楓書坊文化。

4 梁在鎮、梁在雄（2022），連我都不瞭解自己內心的時候：韓國90萬人的線上心理師，陪你重新理解不安、憂鬱與焦慮，找到痛點，正視內心的求救訊號（蔡佩君譯）。方舟文化。

5 林宗弘（2009）。台灣的後工業化：階級結構的轉型與社會不平等，1992-2007。台灣社會學刊，43，93-158。

CHAPTER 4

從未消失的重男輕女

多年以前，朋友跟我說了這樣一個故事。她有一個朋友小嵐，北一女、台大畢業，進入四大會計師事務所，很快就升到主管職。人人都說她是個聰明的小孩，長得又漂亮，人生勝利組。她們家有三個小孩，這個女生成就最高。但是，小嵐始終覺得自己很失敗，得不到家人的肯定。原因很簡單，她爸爸重男輕女，無論她做什麼，都覺得她是廢物。

小嵐爸爸看著小嵐的成就，再看看弟弟的不成材，便總是說「豬不肥，肥到狗」。那是一種打從心裡覺得惋惜，為什麼是不期待的女兒，在沒有資源的情況下，獲得了成就。而這樣的說法，也讓小嵐一直想向爸爸證明自己很優秀。

後來，小嵐的爸爸發展出一種扭曲的情感，開始一天到晚要小嵐感謝他當初的栽培，甚至不讀書就揍、不開心就揍。在小嵐二十五歲還沒交男友時，爸爸就一直說她是個廢物，女生最重要的婚姻也做不到。於是，小嵐變得非常自卑，身邊的人說她一百次優秀，都比不過她爸的一次冷嘲熱諷。

我這生的遺憾，也是從未獲得爸爸的肯定。從小到大我都表現良好，甚至取得了全家族沒有辦法企及的成就。我大學畢業典禮，姑姑還來參加，因為他們覺得，他們一輩子都沒辦法來清華大學參加畢業典禮。即便如此，我爸提到我，仍然是用「那個嫁不出去的胖豬」來形容。

我在研究所時，跟教授提到這件事情，他跟我說，社會學的工人階級家庭研究指出：對於工人父親來說，女兒是財產、是貨品、是炫耀的道具。女兒最主要的成就是能夠嫁出去，以及可以賺錢來協助家計。因此，當我們這些女兒嫁不出去時，就等同於「貨品、財產滯銷」，會讓他們感到損失，甚至沒面子。

對重男輕女的家庭來說，成就從來跟世俗無關，性別才是一切。生對性別，本身就是成就。而出生在這種家庭的長女，無論如何，都必須要從長女症候群中掙脫出來，才能避免在各種情境落入泥淖。特別是職場，以及未來父母的長照責任。

I 大孫頂尾子，長孫女呢？

「大孫轎起轎囉！」

一頂轎子擺放在工地常看到的藍色小貨車上，上面坐著披麻戴孝、滿臉鬍渣的弟弟。他手捧著骨灰罈，面無表情地坐在轎子上。小貨車旁邊，站著的是爸爸，還有一位幫他撐傘的親戚，爸爸的手上捧著阿公的遺照。這張遺照說來也有趣，阿公有一天默默就去拍好了。當時他拍好的時候，還被子女罵，「爸！你是去拍這個幹嘛？咒詛自己死掉嗎？」阿公什麼都沒說，看著照片滿意地笑，問我們好不好看。

其實也沒有好不好看，老人都是一個樣，旁邊的爸爸也變得跟阿公越來越像，弟弟以後應該也會長這樣吧？

除了弟弟坐車子以外，我們其他人都要徒步走到幾公里外的公墓，把阿公下葬。原來生個男生的目的，就是要捧著神主牌，捧斗。因為捧著神主牌，就讓男生可以擁有那麼大的權力嗎?不知道偷偷去碰會不會怎樣,想到這裡,我骨子裡的反叛性格就出來了。

阿公去世前,我剛到民進黨上班,人稱黨工,每天過著不知道什麼時候才能下班的生活。選舉就是這樣,有得忙代表有關注度,有關注度就要能夠換成選票。選舉,票多的贏、票少的輸,選輸了就什麼都沒有,沒有那種小輸算是贏的,輸,就是輸。好幾個月的忙,有天突然想去看住在安養院的阿公。

當初提出要把阿公送到安養院的人是我,這個決定讓我被家族裡的親戚罵到不行,大抵就是阿公那麼疼我們,怎麼忍心把他送去安養院?但只要我問:「那你們這些孝子孝女,有誰想要來顧他?難道又要媳婦顧嗎?我們可不同意,他先是你們的爸爸,才是我們的阿公,有兒女在前面,孫子輩的應該還不需要負責吧?」

這樣的話一出,在辱罵聲中總是沒人願意承擔責任。有時還有幾個姑姑會說,做人媳婦的就是要顧，又不是不會給我媽錢，反正我媽顧阿公不用出去賺錢，也會很輕鬆。這時我就會反問：「那麼輕鬆，不然你們自己賺？」。說也奇怪，那個時候，身為唯一兒子的我爸，總是默默在旁邊看著我們吵，偶爾跳出來罵我不孝，讓我百思不得其解，「誰才應該孝順？」

總而言之，沒有吵很久，阿公還是進了安養院。阿公連續三次自己打開家門走出去，因為失智症忘記怎麼回家，大家苦找了幾個晚上後，嘴裡罵著孫女不孝，卻還是不願承擔照顧責任的兒女，哭哭啼啼地把阿公送進安養院。

每次到安養院，阿公總是說他想回家。

偶爾我們也會帶他回家，但頻率不高，因為大家都很忙。曾經想過請個外籍看護住在鄉下照顧阿公，但以家族過去請外籍看護有過虐待經驗來看，我是第一個跳出來阻止的。接著又無限迴圈，媳婦應該要顧，不然叫我小妹先暫停學業來顧阿公。連這種話都說得出來，我也只能回說：「阿公是在妹妹畢業後就會死掉嗎？不然妹妹這生都毀了吧？」

妹妹的這生還沒毀掉，阿公的人生就迎來死亡的轉折——換到另一間收費更便宜的安養院，從一個看護照顧三、四個老人，到一個看護顧十幾個老人。就這樣，阿公基本上只能在屬於他的床位活動，旁邊都是一些行將就木的人。每次去看阿公，都覺得他老了更多。

曾經我偷聽到大家在聊天，大概就是「反正安養院也是要住到往生，少花一點是一點」這樣的話。即使事後大家都不承認，我也為阿公感到惋惜，他年輕獨自在台北打拚，養活了一家子，老後還有足夠的存款可以住到比較好的安養院，最後卻被放逐到集中圈養的安養院。

終於，在阿公想回家鄉的堅持下，爸爸跟姑姑們找到了雲林老家附近的安養院，計畫過完年後送阿公去那裡，也聯繫了居家看護，讓阿公能夠隨時有人照顧。然而過年前，阿公就摔到地上，昏迷不醒。之後，就再也沒有醒來。

不明所以的二姑姑來到病房後，指著我的鼻子說：「都是你害死阿公的」。我不知道是誰害死阿公的，阿公昏迷不醒三天後，我們去看阿公才知道，但當下，這個消息就傳回了他的兒女耳中，可是沒有人管。

只要跟「長」有關的，都不是什麼好事

阿公的喪禮辦得極其隆重，罐頭塔從三合院的家中，沿著隔壁鄰居的門口兩側，一路擺放到街道尾的雜貨店，再沿著雜貨店一路擺到村莊門口。鄉下有兩間雜貨店，一間比較乾淨純樸，一間有賣飲料跟檳榔。阿公生前總是帶著我們去有賣檳榔的那間雜貨店，邊跟老闆娘聊天、邊嚼著檳榔，還會開幾罐汽水給我們喝，順帶炫耀一下孫女的功課有多好。

阿公的喪禮是遵循古禮的，每個人都要去參加，應該說，每一個「內孫」都必須出席，不管是在工作還是在讀書，不出席就不孝，就會被譴責。

當時我剛進去民進黨工作，還沒做滿試用期，除了喪假外，幾乎快請完所有事假，也因為那時剛好要出差到全台灣各地去講監票，主管會特別安排我出差去附近，然後剛好接假日，讓我可以奔喪。而弟弟更不用說，他跟老師哀求提前考期末考，最後在期末考週前，以每科分數打折三成的代價回來盡孝道。

我們回去除了「盡孝道」，另外一個原因，就是去幫幾乎被軟禁的媽媽，空出休息時間。

作為媳婦的媽媽，在阿公過世後，彷彿沒有資格為自己辯白什麼。傳統，成為拿來合理化欺壓女性的工具。姑姑們用著阿公過世要遵循的古禮，讓媽媽一天闔眼的時間不超過四個小時。

天還沒亮，媽媽就要起來煮祭拜阿公的菜餚，煮完後，則要招待前來弔唁的民代、親友；空檔時間，媽媽還要摺蓮花、燒金紙，因為姑姑們決議要讓阿公蓋上一條蓮花被，以求黃泉路上能夠有福德好走一點。一條蓮花被需要一〇八朵蓮花，每天燒給阿公的蓮花要四朵，所以，媽媽即便每個空檔都在摺蓮花，也摺不完。

沒日沒夜的勞動，還有情緒上的哭啼，導致媽媽身體迅速惡化，好幾次私訊我們她想回台北看醫生，但姑姑不肯。

被召喚回去的我，因為爸爸是獨子，我是爸爸最大的女兒。我被稱為長孫女，但只要跟長有關的，都不是什麼好事。因為我沒有第一時間回去奔喪，姑姑要求我三跪九叩到靈堂前祈求原諒。

所謂的三跪九叩，就是從門口，三步一跪，九步一叩，因為得知要這樣，所以我早早就穿了很厚的褲子，在姑姑他們規定的距離，一路叩拜到阿公靈堂，這其中我只想著：「還珠格格裡面她們穿的『跪的容易』，不知道要去哪裡買？」結束後，膝蓋跟額頭早已都是擦傷，裡面還嵌進去幾顆小石子。

事後我才知道，除了內孫女以外，其他人都不需要，連女兒，都不需要。

某天一大清早我被挖起床，姑姑跟我說，下午要跪著燒金紙一個時辰，還要痛哭，才能讓阿公好走。姑姑說：「這是長孫女的習俗」。

下午正熱的一點多，我跪在火盆旁邊，準備開始我的表演。孝女姊姊跟我說，其實沒有這樣的習俗，她們來就行，但姑姑堅持「長孫女」必須要做，她會帶著我哭，我可以往後稍微坐一點點，這樣腳比較不會痠，眼睛也可以遠離燒金紙產生的灰燼。

不得不說，孝女的功力真的很高，她一哭，立刻渲染了我，想起阿公生前的一切，我也順理成章地流眼淚，邊哭邊燒金紙，邊跟阿公訴苦，希望他在天如果有靈，教訓他的女兒，不要用習俗來欺負人，這樣喪禮辦完會出事的。而阿公那張帶著笑容的遺照，就像是過去記憶中的他，會帶著笑容跟我說：「好，你乖乖讀書，以後出人頭地，補習費、買書錢，阿公都給你。」

結束完整場表演後，姑姑們就像是超級星光大道裡的袁惟仁跟黃小琥，在旁邊點評我的表現，如果有敗部復活戰，她們絕對會叫我重新再來一次。真是萬幸，喪禮不是星光大道，每個表演都只要一次就好。

因為是「女的」，就做得多分得少

身為內長孫女的我，承接著重責大任，跪著哭一個時辰（快兩小時），但在分配阿公手尾錢時，我跟「外孫女」分到的錢是相同的，理由居然是因為都是女的，所以一樣多。至於長孫有沒有分到比較多？這倒是有的，畢竟「大孫頂尾子」，該給大孫的，不敢不給。

後來，其他親戚告訴我們，根本沒有媳婦要做這些事情的習俗，也沒有長孫女要跪哭的傳統，這些都是被加上來的「習俗」。而看不下去的他們，也只是看不下去，在當下沒有任何人出來阻止。

喪禮結束當天，我必須回台北繼續上班，便搭姑姑的車子一起回台北。姑姑說她身體不舒服要回台北看醫生，我問她：「我媽媽也身體不舒服，為什麼她不能回來？」姑姑整路沉默不語，姑丈默默地飆車，三個半小時的車程，兩個小時不到就抵達了台北。

回台北後，我認真地上網搜尋，長孫女究竟在喪禮中，有什麼重要性。原來，在喪禮儀式上，分成出殯前跟出殯後，出殯前以子女輩為主，出殯後則以孫字輩為主。因為長孫要負責「捧斗」，所以，才會有「大孫頂尾子」這句話，因為長孫的重要性，就像小兒子一樣，承接著出殯前與出殯後；然而，無論我怎麼找都找不到，專屬於長孫女的責任義務。

無論是被迫做儀式的長孫女、無法離開的媳婦，或是手尾錢的分法，都在在向我們展示，重男輕女，從未在台灣社會中根除。

2 為了買便當給兒子而離開女兒的婚宴

高中時，我就知道燕子的願望是像鳥一樣，離巢另築。因為，她有一個重男輕女的家庭，以及寄人籬下的過去。

燕子家庭組成簡單，一家四口，爸爸在工廠工作，媽媽在學校當基層員工，育有一子一女，就是她跟弟弟。

燕子五歲以前寄養在姨媽家，因為父母工作很忙，無暇照顧。在沒有商量的情況下，就把她放在姨媽家，跟表哥表姊一起生活。寄人籬下的燕子，生活上沒有受到虧待，但心裡總是知道，自己是被寄放的。

姨媽家在山上，燕子跟表兄弟姊妹以及附近鄰居都在山林裡玩耍嬉鬧。有一次，他們看見隔壁人家出殯，披麻戴孝，沿路哭喪著臉、拿著香、撒著冥紙，往山裡的墳堆走去。燕子跟一起玩的小夥伴，也在草地上弄兩個土堆，拿著樹枝當香，模仿喪家磕頭、哭嚎。附近鄰居看見了，回家告訴他們的家長。

所有小孩都被教訓了一頓，唯獨燕子沒有。這個情況就像孟母三遷，孟母看見在墳墓間玩跪拜遊戲的孟子，覺得環境對孟子影響太大而搬家。只是，燕子沒有孟母，因為她是寄放的。管教別人的小孩會出事，所以，沒有人會責罵燕子。燕子覺得很開心，做什麼都不會被罵。

被遺忘的女兒

燕子回到原生家庭的那天，也猝不及防，如同當初沒跟她商量就把她寄放在姨媽家。

燕子記得那天下著大雨，晚上八點，爸爸媽媽來到姨媽家，要把燕子接回家。燕子不想回家，或者說，她想回家，但也想跟自己的玩伴說再見再離開。但爸媽沒有理會，親戚幫忙整理行李後，爸媽帶著嚎啕大哭的燕子，上了車，開回了新莊。

燕子一直拍擊著後車窗，希望姨媽跟表兄弟姊妹能把她留下來，就算多留一個早上也好。但父母從來沒有尊重過她，反倒因為她的哭叫，燕子的媽媽認為她討厭這個家；而燕子的不安全感、還有她對姨媽家人的孺慕之情，則被視為在對抗父母的權威，也變成父母把燕子當成外人的合理化理由。

燕子被接回來的主因，是她要讀幼稚園了，但真正的原因，燕子長大後才知道，是因為弟弟出生了，需要有人幫忙照顧。也是那時候，爸媽才想起來，還有一個借住在親戚家的，女兒。

回到原生家庭的燕子，常常會被遺忘。好幾次媽媽下班回家，會記得帶弟弟的晚餐，卻忘記買燕子的。當燕子表示自己也還沒吃晚餐時，媽媽總會掏出一百元給她，要她自己去外面買。那時候，燕子還是幼稚園，一路到燕子出社會，媽媽永遠會忘記，家裡還有一個女兒。

小時候，媽媽就會把燕子跟弟弟叫過來，跟燕子說，以後這個家所有的家產，都是弟弟的。爸媽只負責養燕子到十八歲，之後的生活費跟學費，就看當時的經濟狀況。如果經濟負擔太大，那燕子就要自己想辦法。同時，也跟姊弟倆說，姊姊一輩子要照顧弟弟，以後就算出嫁了，也要幫襯弟弟，這是姊姊的宿命。

燕子就在那樣的家庭中，長大。

嫁得好才會被看得起，也才有力氣幫你弟弟

大學畢業後，燕子交了一位男友。這位男友的父母都是教授，是所謂的書香世家。燕子的媽媽非常喜歡這個男生，要燕子好好把握，並且總是詢問他們何時要結婚。

燕子與男友也確實談婚論嫁過。某天，男友跟燕子說，希望一起回台中定居、結婚，婚後不工作也沒關係，他家養得起。那一刻，燕子退縮了，提出分手。

燕子認為，自己從小就不明所以地寄放在別人家，成長過程中，父母常用切斷

生活費威脅她要聽話。如今，男友沒跟她商量，又要把她帶到陌生的地方，沒有考慮到她在台北已有工作和累積。

那一刻，她覺得自己好像回到五歲，那個連句道別都來不及說的小時候，所以，她害怕地逃走了。

分手後，燕子來不及療癒情傷，媽媽便來興師問罪。在一次爭吵中，燕子忍不住跟媽媽說：「你覺得他那麼好，你幹嘛不自己嫁過去！」

媽媽回應：「我要是有機會，我就自己嫁過去。你又不是男生，你是女生，本來就沒有用，嫁得好才會被看得起，也才有力氣幫你弟弟。」

爭吵到這裡戛然而止。燕子注意到，媽媽不滿意她自己的婚姻，也痛恨她的第一個小孩——燕子，因為燕子讓自己的人生改變了，卻不是變好。媽媽第一胎生下女兒，讓她在婆家無法立足；第二胎雖然生了男孩，但接回來的燕子又跟自己不親。現在，好不容易燕子終於可以跟門第較高的家庭締結婚姻關係，燕子又拒絕。

這一切種種，讓媽媽對於燕子徹底失望，「如果換成是我，我一定嫁。」

燕子對於母親的話感到震驚，轉頭看向爸爸，而爸爸也撇過頭，默默走開。燕子從此知道，爸爸跟媽媽，原來是這樣的想法。

提早從女兒婚宴離席，竟是為了買便當給兒子

後來，燕子幾乎跟家裡斷了聯絡。燕子覺得對於媽媽來說，燕子的價值，居然要靠另一半的家庭背景來界定，原來在媽媽的眼中，女兒永遠是沒用的。

直到多年後燕子交了新男友並論及婚嫁，雙方父母才正式見面。

雙方就婚禮細節討論了很多。一切敲定後，婚禮前一個月，燕子媽媽說，不邀請親戚了，換成給餅就好。原因沒有細說，燕子也不想問。

後來燕子才知道，爸媽覺得先有後婚的燕子很丟臉，所以不請親戚。至於為什麼還要給餅，是因為要收紅包，這樣以後弟弟才能夠有收禮與回禮的依據，畢竟以

後家裡的一切婚喪禮俗，還是只有兒子能夠處理。

婚禮那天，燕子跟媽媽在梳化，彼此相對無言，就連婚祕說著吉祥話恭喜燕子出嫁，燕子媽媽依舊沒有開口。

燕子補妝時跟我們抱怨，剛剛要彩排時，她的父母不見了。公公到處找了好久，發現她們在逛街，準備買些伴手禮回家。回到婚禮彩排現場，本來以為會按照流程進行，結果燕子的爸媽臨時拒絕牽女兒入場的儀式，公婆雖然對婚禮期待已久，但為了雙方公平，也婉拒了入場儀式。

開桌後，燕子去換第二套禮服。沒多久，禮桌附近鬧哄哄的，另一個伴娘被找去幫忙，很多親朋好友也探頭看，想知道發生什麼事情，因為回桌的每個人臉色都不太好。

敬酒時，大家才發現，燕子的爸媽沒有陪同。他們似乎是以家裡有事先行離開。於是，敬酒時，公婆、姑婆等等，都列陣敬酒，讓人感受到他們是真的很欣喜這對佳人的結合。敬酒後，來自親朋好友桌的竊竊私語也不斷。

送客後，燕子無奈地跟我們說，她的先生跟公婆現在正在跟親朋好友解釋，為什麼親家先走了。

燕子說：「我媽在要準備二進前，要我先把所有親戚的喜餅給她，她要帶回去。我跟她說已經留了，不急，婚禮結束後一起搬到車上。我媽突然看著我，跟我說：『我們要回去了，弟弟還沒吃午餐，我要買回家給他吃。後面你自己應該可以處理，我們先走了，你再幫我們跟你公婆說。』說完後，她就走了。我先生很傻眼，我公婆也是，我弟已經三十歲了，是個不需要人買飯回家的年紀了。我想，她是在報復我，因為我沒有讓她有面子。」

婚禮結束後，公婆跟先生都生氣了好久，久到那陣子不管講什麼，都會接著說到這件事情。有一次我去燕子家玩小孩，她婆婆一樣跟我抱怨了好久，然後突然說：「燕子那麼好，她爸媽不疼我來疼。」

燕子可能因為害羞，就去切水果了。我轉頭看到燕子的眼眶中，含著淚。她就這樣抱著孩子，含著淚，看著我。

初二再也不回娘家

燕子的公婆還是勸燕子回家看看父母，燕子拗不過只好帶小孩回娘家，沒有事先通知，打開門只有爸爸迎接。

爸爸要燕子孝順公婆、聽公婆的話，做個得人疼的媳婦；也要燕子以後多扶持弟弟，畢竟只有弟弟是她的親手足。聊了一陣子，等不到媽媽，燕子便決定帶孩子先回家，改天再來。臨走時，爸爸送她到門口，跟她說：

「嫁到台北也好，以後你跟你弟可以互相幫忙。對了，爸爸跟你說句心裡話，孩子要自己帶，自己帶的才親。」

燕子沒有說話。上了車以後，手機震動了幾下。打開訊息，是媽媽傳的。

「下次回來的時候要先說，嫁出去了，這裡已經不是你家，不能想回來就回來。因為你沒有先跟我說，我很生氣，剛剛就不出去跟你們打招呼。下次要記得，先傳訊息，我說好，才可以回家。」

那之後，燕子再也沒有回過家，她的初二，都回我家。

燕子的小孩三歲多的那年跨年，燕子突然跟我說起她小時候的故事，那段被寄養、被接回的過去，她說：

「我始終在等，等我爸媽跟我說，為什麼他們小時候要把我寄放在別人家、為什麼來參加婚禮又提早走。但我釋懷了，他們不會跟我說，相反，還會找更荒謬的藉口，然後怪到我身上，一切都是我的錯，所以，我不想要了。」

燕子很滿足此刻，有可愛的孩子、不錯的先生與公婆，穩定且具發展性的工作，也有三五好友。過去從自己家庭得不到的，都慢慢補回來。現在的她，只有一個想法，就是脫離原生家庭，擺脫作為長姊的責任。尤其上次回家，爸爸要她以後多多扶持弟弟，讓她提高警覺，嚴陣以待未來可能隨時會發生，夾帶著道德與親情勒索的責任與義務。

「我天蠍座耶，睚眥必報，沒對我好的，我不報復就不錯了。」

3 消失的存款，女大當婚的壓力

三十六歲的依依，最近醞釀要搬出家裡，結束跟爸媽同住的生活。因為她漸漸發現，對於爸媽來說，幫哥哥跟弟弟買房是首要任務，而女兒提供協助是應該的，因為以後哥哥跟弟弟的家，就會是女兒的娘家，結婚前奉獻在娘家，是很合理的。協助完買房任務的女兒，就必須趕快找人嫁掉，一直留在家裡，只會阻礙兄弟成家立業。

已經離職自由接案的依依有幾個選擇，一是在台北找個租屋處，一是去桃園跟哥哥嫂嫂一起住。前者她預算不高，租屋網站逛了一圈，依舊找不到什麼好的房源，甚至有些房子看起來就跟潛在犯罪現場一樣；而後者，看似寄人籬下，但其實她也為哥哥的房子出了六十萬元，只是未經她同意。

哥哥弟弟要有房子才能娶老婆

我是透過燕子認識依依的。

依依跟燕子曾經一起在重考班，原因都是父母希望她們不要離開台北去外縣市讀書，一是會多出住宿費，二是擔心距離太遠，沒辦法隨時掌控女兒的動向。所以，她們重考班結束後，一起留在台北。

依依是家中第二個小孩，上有哥哥，下有弟弟。她是一個非常孝順聽話的女兒，爸媽叫她做什麼，基本上如果還能接受（或忍受），她都會盡可能照辦。剛出社會時，她的薪資大概28K，那時候媽媽跟她說為了未來要設法存錢，她聽從媽媽的話，跟著媽媽去標會。一個月標會的金額高達兩萬，她只能住在男友家或自己家，幾乎很少消費，甚至不太外食，都自己帶便當。畢竟薪水扣掉交通費、手機費、保險費以及標會的費用，根本沒有生活費可言。

媽媽為了方便控管，便跟依依說，由她代管存摺。依依也同意了。

存了好幾年，依依一直沒有動用過那筆錢，只是默默地存錢。後來薪水變高了，也更有餘裕，依依就更不在意存摺，想說反正都有存錢，未來如果想要轉職或進修，都有個後盾。

工作幾年後，依依工作遭遇挫折，那時依依的部門創下了巨大的收益，幫公司賺了幾百萬，但老闆說之前虧損太多，沒辦法幫大家加薪發獎金。但幾週後，依依看到老闆開著新買的跑車來公司，還跟大家炫耀這款有多難訂。於是，依依看開了，毅然決然地離職。

同一年，依依也跟同居男友走到盡頭。

男友家裡遇到挫折，龐大的債務壓力，讓男友需要花很多時間去賺錢填補。男友順勢跟依依提出分手，畢竟這場感情分分合合好幾年，男友也數次跟依依說他真的已經不愛了。但依依卻覺得男友可能只是怕拖累她才提分手，所以還主動提出她可以一起負擔家裡開銷；直到男友帶新女友回家，依依才意識到男友是真的想分手。

依依難過了好久，決定一次跟感情還有爛工作說再見。這時，她想到她的存款應該可以讓她無顧慮地休息一陣子，於是跟媽媽要存摺，媽媽卻支支吾吾推說沒空。依依只好拿著提款卡去領錢，卻發現餘額少到她連領都領不出來。

依依回家問媽媽，錢呢？

媽媽生氣地對依依吼說：「還不是都花在你們身上，你現在是要怪我嗎？」大吵了一架後，媽媽才說前幾年依依的哥哥在桃園買了房子，權狀有四十幾坪，一個月的房貸大概八萬。本來房貸是爸爸跟哥哥各付一半，爸爸經營一間小工廠，月收入十幾萬，扣掉人力成本後，付房貸還可以。但疫情的時候，生意不好，沒辦法幫忙付房貸，所以，媽媽挪用這筆錢去付錢。

但最令依依心寒的，不是錢被挪用，而是媽媽為什麼不知會她？她並不是覺得媽媽都不能用她的錢，而是不能全用掉。媽媽跟她說：

「女大當婚，你以後找一個有房子的穩定男生結婚就好了，幹嘛要存錢買房子，你哥跟你弟沒有房子沒辦法娶老婆，你知道嗎？為什麼要這麼計較？而且，哥哥買的房子裡面也有留你的房間，以後你怎樣也可以住啊，又不是亂用，算是你買了一間套房，六十萬買一間套房，很划算吧？」

依依不只錢追不回來，還被家人質疑，為什麼跟男友交往這麼久沒有結婚，浪費那麼多時間，應該要趕快找個人嫁了。最後，變成都是依依自己的錯。

在家裡與職場都被情勒

依依後來匆匆找了一個不太好的工作入職，也把存摺要了回來。她明白，要媽媽、哥哥把錢還給她，基本上是不可能了，只能重新來過，一點一滴慢慢存錢。而她也沒有錢搬出去，只能繼續住在家裡。

媽媽依舊用各種方式情緒勒索依依，依依只能透過進修、加班，讓自己越來越晚回家。而在媽媽的不屈不撓下，依依也跟了第二次標會，只是，這次她把錢都放在自己身上，再也不放在媽媽那裡了。

依依現在還是住家裡，原因是可以省錢。但是因為住家裡，跟家人仍舊日夜相處，依依現在必須定期去心理諮商與身心科，希望能夠讓自己不要陷入憂鬱的狀態而影響工作與日常生活。

最近，依依終於辭掉那個可怕又傷害身心的工作，正式投向自由接案。工作的強度跟以前相比並沒有降低，而依依那好用的名聲也早已吃好逗相報，許多前東家的部門也紛紛發案給她。只是，跟過去一樣，依依一樣用不高的報價接案，並在人情、朋友請求等壓力下，被增加了許多額外的工作。依依的案子越來越多，而工作量也越來越重，收入卻沒有成正比的變高。

那段期間，我們幾個朋友組了一個培力群組，在裡面分享我們的經驗、問題以及獲得的知識，透過不同行業的經驗分享，彼此交流產業現況，也依每個人的專業跟興趣，把自己上過的課、聽過的講座、讀過的書等等，摘要到群組，一起討論、精進自己。

去年，依依跟我們聊到，前公司問她能不能接一個刊物的專案，要選稿、寫稿、做特別企畫以及會員管理等，每個月固定給專案費用。她開會前，跟我們認真詢問，要多少錢，我們才會接？

我們認真分析了工作內容後，分別提出五萬及六萬的價格。過沒多久，依依跟我們說，公司的報價是一個月二萬。而這次，依依跟我們說：

「我去之前就知道他們給不起我要的錢，而我也只是被人情綁住，除此之外，對我無益。所以，我沒有接。」

三十六歲的依依，現在開始學習日文，不為其他事情，就是興趣。而她也正在找房子，「我在家住太久了，我想要試著在外面自己住住看，為自己負責。」

4 女兒盡心盡力，媽媽卻只想到兒子

去年，南南的媽媽洗腎了。

一年多以前，醫生就曾提出警告，若媽媽的生活習慣不改，那就準備洗腎。只是，緊急住院的時間剛好落在過年，在餐飲業連續工作幾天的南南，為了照顧媽媽，請了將近兩週的假。連同工作與照顧，南南幾乎三週都沒有休息，唯一的休息時間，是先生來幫忙的時候。

有天，媽媽突然哭了。

南南問媽媽，是哪裡不舒服，還是想家了？

媽媽淚眼汪汪地說：「我好想小傑，我真的好想小傑喔。」

小傑是南南的弟弟，媽媽住院後，弟弟幾乎沒來。

看到這一幕，南南也哭了，她不明白，為什麼自己跟先生辛苦了那麼久，媽媽

卻只想著，那個推說自己很辛苦所以沒空來的弟弟。

全家弟弟最重要，弟弟不會有錯

其實不只媽媽，南南的阿嬤也很重男輕女。從小到大，南南都知道阿嬤跟媽媽比較疼弟弟。南南印象很深刻的一件事，是她養的小狗因為弟弟被丟掉。

南南養過一隻小狗球球，球球可愛又溫馴，南南跟球球很要好。有天，弟弟不知道做什麼事情，惹火了球球，導致球球追著弟弟跑，雖然沒有傷到哪裡，但弟弟從此很怕球球。

阿嬤跟媽媽打算把球球送走，南南保證以後一定會顧好球球，希望不要把牠送走。但是某天放學回家，球球並沒有如同過往跑來迎接南南。南南遍尋不著球球，急得都哭了。這時候阿嬤看到她說：「你在找那隻狗喔？我把牠丟了，不然你弟弟會怕。」

南南哭了好幾天，被斥責不懂事，沒有管好狗，也沒有照顧好弟弟，怎麼做人姊姊的？無數的責罵在南南身上，大人卻不去問弟弟為什麼要作弄一隻狗，而讓狗發狂。但弟弟不會有錯，全家弟弟最重要。

今年三十歲的南南，高中沒讀完就去工作。南南的理由是，自己對讀書沒什麼興趣，早早去工作比較好。雖然南南跟弟弟只差三歲，但因為南南高中就出社會半工半讀，加上媽媽一直以來特別寵愛弟弟，南南總覺得弟弟比自己小很多。

當媽媽胃出血、腦中風住院時，永遠都是南南請假顧整天，弟弟則因為年紀小或是其他各種因素，得以在家好好休息。而當時南南也覺得沒關係，因為弟弟年紀還小。

雖然家裡明顯重男輕女，但南南還是很孝順。

南南跟阿嬤和媽媽就像三胞胎，每次員工旅行，南南都會出錢把阿嬤跟媽媽一起帶出去，希望讓阿嬤跟媽媽都能夠一起出國看看。南南的IG上，也充滿著三人的合照。

去年，我和南南一起出國去玩。白天旅遊經過各種商家時，南南不只挑紀念品給自己，也會問我們哪個適合阿嬤、哪個媽媽穿起來會好看。每個晚上，南南也都會跟阿嬤還有媽媽視訊通話，分享今天的旅遊經驗，還有吃了什麼，也會問她們有沒有想要什麼紀念品。

我開玩笑說，如果不是我們這個行程吃得太油，南南可能會把阿嬤跟媽媽帶來。南南也真的有這樣的打算，還約定之後如果一起出去，她們可以三胞胎合體一起去。

擔心成年的兒子不會洗衣服

前幾年，南南結婚了，婚後她跟先生在外租屋，但每個禮拜都會回家。她很掛心阿嬤跟媽媽在家的生活好不好，而弟弟始終都不太關心家裡的事。就連這次媽媽病倒，都是阿嬤打電話給南南，讓她來幫忙處理。阿嬤也有打給弟弟，但他並沒有回應。

從媽媽病倒那天開始，南南跟先生便輪流照顧。南南請了兩個禮拜的假，專心顧媽媽，而先生下班後，就跟她換班，讓南南可以喘口氣、回家洗個澡再回來。南南說，第一次洗腎要洗三天，也會產生後遺症，媽媽每天都會抽搐，時間跟次數都不一定，所以身邊一定要有人。

連續幾天後，先生終於忍不住跟南南說：「你弟弟不知道媽媽住院嗎？」

怎麼可能不知道？南南心裡想，第一時間阿嬤就聯繫弟弟了，弟弟甚至比她還早知道媽媽掛急診，當天還有出現。但開始照顧後，弟弟就再也沒來，直到先生以姊夫的威力提醒弟弟，弟弟才終於出現。

弟弟給的理由是，他連續工作五天很累，所以沒辦法來。但南南也是連續工作五天後，請假來照顧，至今已經超過兩週沒有好好休息。

即便如此，媽媽住院的每一天，都會提到弟弟。擔心家裡的瓦斯桶瓦斯不知道還夠不夠，這樣弟弟沒瓦斯洗澡怎麼辦？沒有人洗弟弟的衣服，弟弟沒衣服穿怎麼辦？南南跟媽媽說，瓦斯桶上面有電話，弟弟可以自己叫；都那麼大了，還不會用洗衣機，根本媽寶。

直到弟弟來醫院，媽媽終於放下心來。

那一天，弟弟晚上五、六點來到病房，沒待多久，媽媽就一直要弟弟去休息去吃飯，不要累到、餓到。弟弟有點煩了，沒有回答媽媽，只是在旁滑手機。這時候，南南的媽媽眼睛閉起來，身體開始抖動。

南南問媽媽怎麼了，是不是哪裡不舒服？

媽媽沒有回應。

南南問媽媽是不是想阿嬤？想回家？還是煩惱自己身體的問題？

這時候，媽媽帶著哭腔，淚眼汪汪說：「我想小傑了。」

南南傻眼，指著坐在旁邊的弟弟跟媽媽說：「小傑在這裡啊！」

媽媽還是繼續哭，說弟弟都不理他、不回她話，所以她很難過。那一瞬間，南南眼眶也紅了，她很想當場問媽媽：「你為什麼那麼偏心？」但礙於先生跟弟弟都還在場，所以她忍住了。

媽媽仍然一直哭，哭說弟弟下班很辛苦還要來，自己真的很對不起兒子，很心疼。這時候，南南終於忍不住了，跟媽媽說，自己也是每天請假來照顧，從過年前到現在，兩個禮拜沒有休息。每次住院都是她在顧，為什麼媽媽不覺得她很累，為什麼媽媽不心疼她？還有，為什麼家裡要都更，媽媽卻只想到要把房子分給弟弟，而自己什麼都沒有？

媽媽沒有回答，只是不斷呢喃弟弟很辛苦，弟弟應該多休息。

先生把南南帶開，安慰她：「你媽媽也不是第一天重男輕女，你還是要放下，多讓你弟來承擔責任。小傑已經長大了，也開始工作了，照顧父母是兩個人的事情，你不要都自己擔起來，這樣我也會心疼。」

後來媽媽出院回家休養，南南來我們家玩。我們跟南南說，不然乾脆擺爛不要顧，讓弟弟顧一次看看，負起該負的責任。南南搖搖頭，說自己放不下，捨不得媽媽身體不舒服、捨不得阿嬤年邁還要照顧女兒。眾多的捨不得，讓她還是繼續承擔責任。

後來，南南回家跟阿嬤講媽媽在醫院想弟弟想到哭，阿嬤一直笑，說：「你媽就是重男輕女，她比較疼小傑啦！」

CHAPTER 5

職場反映家庭——長女都是社畜？

從小到大，我的好朋友通常都是差不多的人：認真、負責、完美主義，以及，都是長女。

出了社會開始工作以後，發生在我們身上的事情，也幾乎都差不多。於是，我們從報告要怎麼寫、這禮拜排幾天班打工、放假要不要騎機車去玩的大學生活；來到了最近進修了哪些技能、哪裡有推薦的中醫師跟按摩師，以及過勞等話題。

我們最常掛在嘴邊的就是：「好想離職喔，好累。」

不管在哪個行業，我們總是默默變成部門裡面承擔最多的人，或者是那些人之一。當我們聽朋友抱怨自己的工作有多累、同事有多雷、主管有多瞎、客戶有多荒謬時，總是會有人說：

「又不關你的事情，你幹嘛攬下來做！」

這時候，百分之百，得到的答案一定是：

「我看不下去啊，沒人要做，我只好自己做。」

又或者是，

「算了，我自己做好像比較快。」

無論今天換成誰抱怨她們的工作，通常上述的對話，一定會出現。

因為我們都是那種，只要主管或者同事一句：「這個案子就交給你囉！」或者是：「你真的要多幫忙，不能沒有你監督耶。」

我們就會攬下責任，正如同在家裡面，那個被爸媽交代，要好好照顧弟妹的姊姊一樣，我們很習慣遵從權威人士的指示，全力以赴地完成工作；我們挺身負責，多半是獨立負起責任，因為小時候就習慣在沒有人可以攜手打拚的情況下，自己把該做的事情做完。而且，自己做可以掌握品質，如果交給弟妹或其他人做，結果做不好，被罵的永遠是自己，與其費盡心思去調整他人的錯誤，可能還會導致抱怨或影響人際相處，倒不如從一開始就自己做，「自己來比較快」，如果做成迷因梗圖，一定很多長女膜拜。

長女的這種性格，並非天生，而是在成長過程中逐步養成的。

長子長女出生時，爸媽也是第一次當父母，因此，長子長女是跟爸媽一起成長學習的，也習慣共同面對挑戰。所以，在弟弟妹妹出生前，他們唯一的夥伴就是自己。由於需要摸索大量未知的事物，因此長子長女傾向透過書籍、自學等方式探索新知識，進而找到事物的解答，或是模仿父母與周遭大人的行為，來學習世界的規則。

起初，無論是長子還是長女，都還是獨生子女，父母只會關注他們。這個時候的他們，只是探索世界，就能獲得肯定。但這一切在弟弟妹妹出生後，就會經歷大幅度的改變。

家中第二個小孩出生後，長子長女就會晉升為哥哥姊姊，這個時候，他們不再是單純的小孩，通常被要求照顧弟妹、負起責任、做好榜樣。這時他們獲得肯定的來源，不再跟過去一樣，單純的探索世界就能得到回應；反之，能夠聽從父母的指示，把弟妹照顧好，更容易變成獲得誇讚、肯定的來源，而這時也會搭配「懂事」、「聽話」、「幫父母分憂解勞」等看起來美好，實際上卻讓長子長女們從此背負壓力的詞語，來肯定這些成為哥哥姊姊的小孩。因此他們容易養成服從權威、獨立作業、習慣周全大家、勇於面對挑戰、學習意願高以及追求成長等特質，也有心理諮商師表示，有些公司的老闆會刻意錄用長子長女，因為他們「任勞任怨、努力工作，又有責任感，值得信任」。[1]

然而，因為他們努力的動力可能是希望獲得父母的肯定、稱讚，或者協助其他手足獲得更穩定的生活，因此，他們也多半會承擔更多的責任，或者習慣性忍讓、照顧，畢竟哪個當哥哥姊姊的沒有被說過「大的要讓小的」這句話。

有次，我跟一群長女朋友聚會，聊到小時候照顧弟妹，長大後還要被爸媽委託，負責開導弟妹，指引他們職涯明燈時，朋友崩潰地說：

「我沒有想當長女啊，可以申請自願性離職嗎？」

我們從未自願選擇當長女，卻背負著相應而來的責任義務。就像在職場中，我們總是成為那個能者過勞的最佳代表。

無論是職場還是家裡，作為長女，就有做不完的事情，扛不完的責任。

這一章，我將從自己過去在職場受挫轉而尋求心理諮商協助的經驗，覺察職場如何反映了家庭；同樣的，長女這個身分，也反映出我們在職場中的人格特質及行為模式，以及長女的行為特質，如何影響她們在工作、職場中的表現。

I

長女的養成就是社畜的製造？

有件事情，令我印象深刻至今。

我大妹剛出社會時，薪水是大家耳熟能詳的22K。那時大妹一個月要給家用八千元，住公司宿舍大概二千元，扣掉拉拉雜雜的費用，實際上能花費的錢，不到薪水三分之一。如果再加上助學貸款的還款，大妹一個月能花的錢只剩下二千元，一天連一百元都沒有，那可是二〇〇八年，不是一九五八或一九六八年。

在那樣困窘的情況下，大妹卻找了代購，買了英國品牌Paul Smith的皮夾，要價六千多元。

當我知道這件事時，相當生氣，質問她為什麼要那麼浪費，把錢花在名牌上？我們家裡隨時需要用錢，為什麼她不把錢存起來，以備不時之需。

妹妹對我說：「媽媽要的孝親費我給了，我辛苦賺的錢，買自己想要的東西，有什麼不可以？你每次都買很多便宜的小廢物，用沒多久就壞了，更浪費錢。我用好的東西，用很久，不是更好？我值得啊！」

我當下啞口無言，因為妹妹說的有道理，她自己賺的錢，給了規定的孝親費，剩下的花在自己身上，有什麼問題？

是啊，有什麼問題？但為什麼我賺的錢，卻要在各種情況下投入這個到處破洞、隨時可能需要金錢填補的家呢？

蠟燭型人格

心理學上有一個名詞，叫做蠟燭型人格，又稱長女症候群，指的是燃燒自己、照亮別人的性格，普遍出現在女性，特別是長女身上。

我們從蠟燭型人格身上，經常可以觀察到幾個現象：他們通常自我要求高、外在表現好、認真、負責任、照顧身邊的人，但因為常被認為做得不夠好，或是被要求做出好榜樣，因此反映在內在表現上，他們常對自己挑剔、不滿，甚至感到自卑，擁有不配得感。他們會害怕面對稱讚，認為一定有哪裡不好還沒被看見；長此以往，他們也好發自律神經失調，甚至罹患憂鬱症。

以前的年代，孩子生得多，通常長女都要代替媽媽幫忙照顧弟妹，甚至早早放棄學業出去工作，協助維持家裡的生計。這些長女不乏會讀書，而有機會靠著教育翻身。然而，她們的家庭卻沒有辦法等待她們學成翻身，因此還是讓她們早早去賺錢、早早嫁人，才能幫襯後面的弟弟妹妹。

長女經常必須縮衣節食、保留資源給家庭以及年幼的弟妹。為了協助父母分擔壓力，她們也被迫懂事，鮮少要求個人性的物品。

當家庭環境好轉後，長女的學經歷通常會比後來出生的弟妹差，也因此產生自卑感，認為自己更加不配得好的未來。

家庭資源的分配，多數不會隨著家境轉好而改變，家裡仍舊會將多數資源供應給仍在求學的子女，期待這些受過教育的子女可以改變家庭地位。而對於跟著父母一起打拚過來的長子長女，或許父母會感到愧疚，但長子在傳統社會仍可以繼承家業，而長女就真的是徹頭徹尾的犧牲者了。

長女症候群的養成

人格養成的過程是很漫長的，擁有長女症候群的人，通常從小就被期待要負責、要照顧他人，而這樣的人格特質，也對工作造成相當大的影響。

我們把場景先拉到家中。在家裡，排行老大的哥哥姊姊總是被爸媽訓誡要聽話、懂事，要做弟弟妹妹的榜樣；他們鮮少離經叛道，一方面是怕被責罰，另一方面則是要做年幼弟妹的榜樣。

長子長女通常也比較聽大人的話，即使不喜歡，也會勉強自己去完成，因為怕大人失望，或擔心大人覺得他們不夠負責。此外，長子長女也比較會察言觀色，敏感察覺父母的情緒，並且做出回應。例如主動安排弟弟妹妹的休假活動、幫忙照看功課、三餐等等，就像小大人一樣。

這些從小當「小大人」的長子長女，長大步入職場後，會有什麼樣的特徵呢？

首先，他們多數是公司的社畜，對於主管交辦的工作，會全力以赴完成，即使需要加班。就像在家裡，爸媽一句「照顧好弟妹」，哥哥姊姊便會成為小保母一樣，照顧弟妹的衣食住行，包括哄睡。

其次，他們比起其他排序的同事可能更聽話，尤其服從權威，也很會看辦公室的風向。這跟他們小時候在家裡被要求聽大人的話、聽爸媽的話很像，服從權威，就能沒事。而他們也希望獲得權威者的認同，因此更加遵從指示、更力求表現。

小時候，他們在家中凡事都必須自己負起責任，無人可仰賴；因此在職場上，他們經常可以獨力完成工作，並且不太會尋求幫助，也不太敢把事務完全放手給其他人。畢竟在家裡，無論弟妹做錯什麼事情，做哥姊的都要被訓誡甚至懲罰。比起分工合作，「自己來比較快」，更可能是他們的工作風格。

此外，由於要成為懂事、聽話，找回被弟妹分走的關注。因此長子長女對於地位跟排名可能更為在意，而達成這個目標的方式，就是更加努力完成主管（權威者）的交辦任務。

家中的養成經驗，使得工作中的長子長女，也偏向埋頭苦幹、腳踏實地。他們信任權威，比起其他人可能更為保守。在面對老闆或是權威者畫的大餅破滅時，也傾向把責任攬回自己身上，而非據理力爭應有的權利。這跟在家中，即使受了委屈，多數父母也會要他們懂事、聽話、不要跟弟弟妹妹計較有關。對他們來說，靜靜地讓事情過去，可能還會在父母愧疚下獲得一點回饋。

由於長女長子在弟妹出生後，面臨寵愛、關注跟資源被瓜分的現象，再加上被期待為家庭付出，因此，許多長子長女善於利用少許資源去嘗試各種可能，進而滿足父母期待。從過去的文學或影視作品，我們經常也能看到裡頭描述的長女，一人靠著各項技藝擔負起全家生計。

從職場行為辨別家中排序

隨著台灣經濟發展越來越好，加上教育普及，許多家庭的子女多數都能夠擁有升學機會。在這樣的現象下，年長的子女，特別是長女，通常學業成績也會比其他手足來得好，在國外的《人力資源期刊》中，已有研究證實此現象。[2]

有別於過去的社會以大家庭為主，子女數眾多，當代台灣多半是核心小家庭，子女數也大幅下降。由於沒有其他外援，再加上時代變遷，許多新手爸媽對第一胎小心翼翼，投入大量心力，希望能夠讓孩子健康且順利成長。而在第二胎、第三胎出生後，父母被迫分散心力，把更高比例的愛與注意力投入在幼子幼女身上，但多數無法像第一胎一樣，投注相等的心力。

此外，因為長子長女是跟爸媽一起成長的，他們或許採取跟父母較為相似的傳統策略，卻也更勇於面對困難。因為在弟妹出生前，他們唯一的夥伴就是自己。

在弟弟妹妹出生後，長子長女通常被要求照顧弟妹、負起責任，因此他們容易養成服從權威、獨立作業、習慣周全大家的工作風格，加上他們習慣當前鋒去探索與學習新事物，因此綜合起來，長子長女在職場的成就，也普遍偏高。

日本作家五百田達成，也以家中的排行順序，來分析個人的性格特質與溝通方式。他是家中最小的孩子，上面有一個哥哥還有一個姊姊，他從自身的觀察經驗以及對周遭人的歸納，分析身邊或多或少都有對於家中排序與工作效率、工作能力相關的聯想以及推測。

在辦公室，較為負責任、工作能力強，以及懂得照顧他人的女性，通常會被猜測為長女；反之，較討人喜歡、感覺聰明靈敏的，多半被猜為么子。五百田在書中指出，雖然他的分析是以排序為主，但社會對於男性與女性的職責要求不同，對於女性還是要求「內斂恭儉」，因此女性在工作中不像男性一樣，可以盡情發揮領導特質。

人們之所以在工作中可以判斷家中排序，是因為他們展現出的個性與行為，常常有所差異。尤其是長子長女，因為是家中第一個孩子，對於責任感的培養、領導下屬的能力等，都因為在家中有弟妹要照顧、必須做弟妹的榜樣，而在職場中也發揮同樣的效果。

買名牌包還是想到家庭

工作幾年後，我當上了主管。朋友帶我去專櫃買了一個名牌包，五萬多元，其實對我來說不算無法負擔。當時我做了好久的功課，最終選定了網路上最好轉手的款式。

朋友問我為什麼選這個？我跟朋友說：「這個我查過，很好賣。如果不適合我，或者未來家裡發生什麼狀況，隨時都可以賣掉換錢來救急。」

朋友跟我說，應該要選擇自己喜歡的。而且，沒有什麼不適合。

「你努力賺錢，買給自己東西，是理所當然的，因為你值得，懂嗎？」

我想起大妹的那個 Paul Smith 皮夾，她買了以後，用了好幾年，還是很好看，別人也覺得很適合妹妹。

前陣子，皮夾壞了。妹妹再度買了同款皮夾，她這次還特別問我：「還要說我浪費錢嗎？」

我打了她一拳，說：「不說了，這個很適合你，你自己的錢，愛怎麼花，就怎麼花。」

妹妹大笑，調侃我買了名牌包果然不一樣，變得知道什麼是好貨了。

我回她說：「現在你們都長大了，我也該把錢花在自己身上了，要學著用好東西囉！」

2 不能讓人失望的緊箍咒

我第一次當主管，是在三十歲左右。當時部門大概有二十個人，我跟另外一個同事擔任副組長，主要負責社群、設計以及影片製作，是個強度非常高的工作。那時的工作型態有點複雜，由於我的直屬主管，也就是部門組長另有事業，再加上他如貓頭鷹一般的作息，傍晚到深夜是他的工作時間，因此把跟我跟另外一位副組長的開會時間移到晚上。

當時我的生活是白天朝九晚五，下班後去主管開的店裡聊今天發生的事情，然後討論接下來要發展的企畫。由於工作性質的關係，我週末時常需要配合活動出差，平日也因為社群的即時性而需要on call。這樣的工作強度跟高工時，讓我有點吃不消。

但更吃不消的，其實來自於更高階主管，也就是經理的職場霸凌。

我印象很深刻，那時候每天的上班生活是這樣的。早上出現在公司，交辦工作、批改公文，追蹤各項工作進度；經理進來以後，便會請祕書來叫我跟另外一個副組長進去辦公室，用盡一切方式羞辱我們，他直接跟我們說：「我會一直這樣做，直到你們自己主動離開，這個位置本來就不是你們該覬覦的。」

我曾經在不勝其擾時，無力地質問：「為什麼要這樣對我們？」經理帶著笑容回應：「沒有為什麼，誰叫你們佔了這個位置，不管你怎麼做，我都不會讓你好過。」

連續工作一陣子後，我開始有點不太對勁。

起初，晚上我會無意識地在房間掉眼淚，就連吃到好吃的東西，或看見好笑的畫面，都會流淚，控制不住。再來，我開始頭痛，有時還會伴隨著發抖、嘔吐。我跟組長商量這件事情，組長給了我一排藥，跟我說是治頭痛的，很有效。我也吃了，果然不吐也不痛，昏昏沉沉的。

那時候，我常常需要去忠孝敦化附近辦事，途中我為了節省時間，穿越了忠孝敦化的SOGO。大概二十分鐘，出來時，我提了兩雙鞋子。不到兩週，我房間堆了六雙從來沒穿過的專櫃鞋子。

朋友得知後說：「我覺得你很不對勁，你可能有憂鬱症，要不要去做心理諮商。一雙鞋子可以看一次，你鞋子買了不穿，但心理諮商一定有用。」

我當下拒絕了，不認為我需要諮商。

從小到大，我面臨許多壓力。我生長於重男輕女的家庭、家庭關係不和睦，我隨時需要保持戰鬥模式，才能捍衛我跟弟妹甚至是媽媽應有的權利，在這樣的狀況下，我還考上了台灣知名的大學。我心想這些我都能克服了，工作壓力我當然也可以。

但後來，我不僅克服不了，狀況還越來越嚴重。我看到經理辦公室燈亮會發抖，從一天吐一次到每小時都在吐。坐在辦公室被罵時，我看著窗外，想著從九樓跳下去不知道會不會痛。

家人、朋友發現我的不對勁，紛紛勸我離職。終於，我受不了了，開口提離職，組長拒絕，只跟我說：「你答應過我的，不得憂鬱症、不離職，你太讓我失望了，我那麼信任你。」

「不能讓人失望，不能辜負他人的信任」，抱持這樣的心態，我給了自己四次心理諮商的機會，設法讓自己繼續留在職場。

從小就學會解讀媽媽的眼神

踏入諮商室，我平靜地在諮商師的引導下，介紹了自己、我的家庭、現在的處境，以及想要解決的問題。我快速地闡述著，不想浪費時間。諮商師突然打斷我：「你慢一點，你可以慢一點的，我會聽。」

我呆住了，突然不知道要說什麼。

諮商師於是跟我分享她的故事，她為什麼從耳鼻喉科醫師轉任心理諮商師。

她說她的媽媽是一個從來不會說出自己需求的家庭主婦。但身為長女的諮商師，從小最會的，就是解讀媽媽的眼神。因為媽媽的眼神會說話，而且只對她說話，說的只有諮商師跟媽媽才懂的語言。

諮商師告訴我，每當媽媽眼神過來，她就會自動自發地去做事。小到收拾家裡，大到提供金錢，無一不予。

她的媽媽會誇獎她很懂事，是很乖的小孩。諮商師說，有時候聽到其他家小孩從門外傳來的哭聲，那時候媽媽就會跟她說：「那些小孩是因為不懂事才會被關在外面，因為不聽話會讓爸爸媽媽很辛苦，所以，大家都要聽話、懂事，不要讓爸爸媽媽擔心。」

所以，諮商師很聽話，但極力滿足父母需求的壓力，也隨之而來。

諮商師說，她一直默默承受，努力工作，設法讀懂母親沒說出口的話，希望獲得媽媽的笑容跟讚賞。有一天，她跟媽媽因為一件小事大吵一架。她跟媽媽述說自己的委屈，哭訴為什麼都只有自己在付出。結果媽媽跟她說：「我從來沒開口要你幫忙，都是你自願的，為什麼怪我？」

諮商師笑了一下，跟我說，這句話她這輩子永遠都忘不了。她也認真思考，確實，過去媽媽從未主動開口要求過，都是她解讀母親的眼神後，自發性的行為。

從那天起，她開始尋求心理諮商協助，學習不再解讀媽媽的眼神，若母親沒開口，自己就當不知道。

她分享了一次印象深刻的經驗，她跟媽媽去市場，媽媽買了兩大袋的菜。她下意識地要去幫忙提菜，但腦中突然想起了那個練習。於是，她全程都在等媽媽開口。媽媽一路走，沒有開口，只是一直用哀怨的眼神看著她。諮商師當作沒看到，而媽媽也沒有開口。坐電梯時，旁邊的鄰居問買什麼這麼多，媽媽跟鄰居說很重都沒人要幫忙提，諮商師還是沒有幫忙。

回家後，媽媽把袋子重重地放在桌上，發出不小的聲響。直到晚餐，媽媽才生氣地說：「你是沒看到我手上的東西很重嗎？你都不幫忙拿嗎？難道要我求你，你怎麼越大越不懂事！」

諮商師跟媽媽說：「你可以請我幫忙，你為什麼不開口？」

媽媽愣住了，說她學壞了，以前很懂事都會幫忙，現在變得愛計較。諮商師沒有接媽媽的話，只是說：「以後你不開口，我會當作沒看到。你要練習需要幫忙就開口，而不是一直期待會有像我這樣的乖小孩，懂事地幫忙。然後再跟我說：『我又沒叫你幫忙。』大家都是大人了，我也有自己要做的事情，沒有義務二十四小時照顧你的情緒。」

從那之後，諮商師變得豁然開朗。她發現她的體貼跟懂事，不過是他人合理化叫她做事的藉口，因為她是大姊，就要懂事、聽話、幫忙爸媽照顧弟妹，最好是爸媽不用講就主動去做。

諮商師又說，「我後來覺得，不把自己當成媽媽的大女兒真好。活得像弟弟妹妹一樣，原來那麼輕鬆快樂。」諮商師笑著跟我說，這也是她希望我可以練習的方向。她問我是否可以在每次接收到他人求助的情緒時，先問自己「為什麼。」

要懂事才不會被拋棄

我點點頭答應她，回想起自己的童年跟諮商師很相似，我每天也是忙著解讀媽媽的情緒。

我從國小就開始幫忙家裡了，當媽媽忙著工作而把我託付給二姑姑照顧時，我便在紡織廠的各式布料中，幫忙遞給這個阿姨一塊布、那個姊姊一套線，或者幫忙剪剪線頭，來讓冗長的時光有點事做。

後來媽媽為了照顧生病的弟弟而開始做手工，我有時候是幫胸章加上釘帽，再放進小塑膠袋後，由媽媽用釘書機裝訂；有時候是髮夾，上面通常有個大蝴蝶結，用熱溶膠黏在鐵片上，再把鐵片的另外一個部分卡榫進去，最後放進袋子裡黏貼。每當我幫忙時，媽媽就會跟我說：「阿慈，你好懂事，這批貨交出去後，我帶你們去喝泡沫紅茶。」

那時候，媽媽常常說我懂事，也總是跟我說，如果不是我那麼盡心盡力幫忙，她早就撐不下去了。如果真的那樣，她可能只能拋下我們。

長大後回想，那時候媽媽的這席話，在我心裡埋下一個未爆彈，只要我不懂事，就會爆炸。爆炸後，我就會被拋棄。

最接近被拋棄的一次，是因為貪玩而沒有幫忙，被媽媽訓斥不懂事。我問媽媽，為什麼妹妹他們都不用幫忙。媽媽說他們還小，我當姊姊的，不要計較。我跟媽媽說，我不要當姊姊，為什麼要那麼早生我？媽媽只是一直說我很不懂事。

那天晚上，媽媽推著娃娃車，帶著弟弟跟大妹出門了。

我問媽媽要去哪？媽媽沒有說，什麼都沒有說。

爸爸說媽媽跑了，不會回來了，我們沒人要，明天就把我們賣掉。我不敢跑出門，只能一直哭，直到哭到睡著，媽媽都沒有回來。

隔天起床，媽媽一樣在桌子前工作。旁邊是睡在娃娃車裡的弟弟，大妹則在我身邊睡著。我衝過去抱住媽媽，很怕媽媽不見。我問媽媽：「為什麼要跑出去？爸爸說你不要我們了。」

媽媽看著我說：「媽媽好累，你聽話好嗎？你懂事，媽媽就會繼續在你們旁邊，你要幫媽媽，好嗎？」

我點點頭，只要我懂事，媽媽就不會跑走，我就不會被拋棄。

之後，無論媽媽要我幫什麼事情，我都會答應。到後來，媽媽甚至不用說話，只要一個嘆氣、一個眼神，或當爸爸又罵媽媽時，我就會衝去照顧弟妹、做功課、幫忙洗衣服、晾衣服；甚至在弟弟生病時，我利用寒暑假打工、領獎學金，幫忙媽媽度過難關。

高中以前不算，大學四年加研究所四年，我最高同時做過七個工作，一個月至少收入二萬以上；同時，我的成績一直保持在前三名，因為清華大學書卷獎有獎金，最少八千，最多一萬五。還有很多清寒獎學金，都沒人領，應該說，頂大學生沒什麼人需要領獎學金度日。我曾經算過，我打工加上獎學金，大概賺了一百萬。

在我念研究所搬回家住的那半年，我拿了二十多萬補貼家裡。而當我出國玩回來被唸亂花錢時，我爆炸了。我細數這幾年拿回家的所有錢，又打工又名列前茅，就是為了把錢拿回家。而我媽卻說：「我又沒跟你開口，是你自己要拿回家的。」

做什麼都全力以赴

畢業後我第一份工作是政治工作，我幾乎什麼工作都做。因為身上沒有存款，又有租金壓力，我很怕失去工作。而我對錢的執著，很大一部分來自家裡可能隨時會有需要。弟弟妹妹還在讀書，能夠賺自己的生活費已經很不容易了，如果要更多，可能就是我要給，也只有我得給，從以前到現在，媽媽的經濟壓力，永遠只對我一人說。因為我是媽媽最親密的夥伴，有義務要幫她一起承擔。我要懂事，才能讓媽媽輕鬆。

當其他同事不想加班時，我會主動加班；哪裡需要支援，只要跟主管開口，我都會被借去。主管遇到問題，我總是可以第一時間派上用場，幫她分憂解勞；同事身體不舒服或心情不好，我也很能捕捉情緒，默默地接過工作，讓他們可以稍微休息。

同校畢業的學妹同事因為失戀無心工作，其他同事說我是學姊，要幫忙收拾；同部門的同事說他是男生不懂訂便當的眉角，所以我除了辦活動，還兼打雜；其他部門主管要培養文稿人才，問我要不要試試看，於是本職工作外，又加上不計薪的文稿工作。簡單來說，當我看不下去，或我覺得主管為難的時候，我就會主動舉手，能幫就幫。

那一年選舉大獲全勝，在論功行賞時，我發現我的一些成果被算在某同事身上、另一些被歸功於團隊，而我獲得的，僅僅是每個人都有的獎金。我跟主管理論，主管說她知道我做很多事情，但不太清楚我具體做了些什麼。她知道我很有責任感。所以，她放心把工作交給我去負責。但我就是把事情都攬在身上，沒有特別的亮點。所以，她能做的只有給我獎金而已。

後來，我離開了那份工作，我發誓不要再當一個太過心疼別人，看不下去就什麼都做，到頭來什麼都沒有的人了。

勇於承擔卻被利用

但之後輪到我當上副組長時，同樣的狀況又發生了，一樣是我做得最多，被罵得也最狠。本來作為大主管的經理是平等霸凌我跟另一個副組長B，但後來經理在叫我們進去辦公室前，會派B去做其他事情，也因此，多半只有我一個人面對經理的辱罵。

在我痛苦到試圖輕生的時候，組長跟我說：「反正你都黑了，你那個成功案子的功，我記到另外一個人身上喔。這樣至少有一個人是乾淨的，你懂事一點，為大局著想。」

後來，我跟組長都離職了，有天我問組長，當時為什麼選擇犧牲我？

組長說：「因為你好像更勇於承擔責任，所以，抗壓力應該很強，我想你撐得住，只是沒想到，你也離開了，出乎我的意料。」

那次選舉後，我離職了，徹底離開政治工作。那個搶走我功勞的人，現在高升了；那個張冠李戴拿走我功勞的同事，升官了。

現在的我，還是體貼、懂事，但會問自己「為什麼」。

正如我在家裡，第一次忽視媽媽的眼神，在媽媽抱怨時，對她說：「你可以開口請我幫忙，你有這個權力，也有這個能力。需要幫忙就說，而不要期待他人要懂事的自動自發。」

從小縈繞在腦海，來自大人的「懂事」、「聽話」、「自動自發」、「照顧弟妹」、「負起責任」等等諄諄教誨，在長女長大後，會跟著去到職場，去到親密關係、去到友誼關係，甚至，去到下一個孩子身上。我媽是，我也是，或許，諮商師的媽媽也是。

3 把親友的成敗當成自己的責任

我從大學時代就認識冬冬了，今年三十七歲的她，正如火如荼照顧著幼稚園中班的小孩，以及，我們這群朋友。

善於規畫與計畫人生

在家中排行老大的冬冬，從小就是一個善於規畫的人。在大學時，冬冬就對自己的未來很有想法，她參與很多社團活動，通常都不是單純基於興趣，而是以學到職場技能為目標，像是策畫全校活動、擔任校園大使等等。

我大學就讀的是清華大學人文社會科學系，這個系取經於美國博雅教育，大一大二不分科，大三大四選二個學程主修。八個科系當中，經濟、社會、歷史、語言、人類、哲學，是清大既有研究所的類別，因此在課程規畫上較為繁重，被視為主科；

而性別與文化研究則被視為較輕鬆的副科，很多人會選一主科搭配一副科，降低學習負擔。在這些科系當中，冬冬選擇了經濟與文化研究作為主修。

冬冬的考量是：「經濟學以後出路比較廣，可以到很多類型的企業，也可以就讀企管、經濟、財金、統計等研究所，對家裡比較好交代；文化研究則可以掌握社會趨勢，我選這兩個主修，以後不管做品牌企畫或是行銷，都很有用。」

當時我覺得冬冬真的好厲害，她說的那些職業類別，我聽都沒聽過。同樣都是大學生，她懂得好多，也很有規畫。

「而且，我加入梅竹賽[3]籌備會，也是希望透過梅竹賽的舉辦與事前規畫，學習如何策略性制定企畫；校園導覽小組看起來是想要穿得漂亮去接待貴賓，但實際上美姿美儀以及行為舉止技巧，未來進入企業都派得上用場。」冬冬連加入社團都比我們有計畫，這點也令我欽佩。

畢業後，冬冬進入企業的基金會工作。她一樣很有目標，工作之餘，也安排了許多職能進修的計畫。冬冬評估這份工作，待三年是極限，只要學會了企畫、募款以及基金會的運作後，就可以離職了，多待無益。而在那份工作中，無論面對什麼樣的挑戰，甚至來自主管的猜忌，她都笑著應對。也順利在三年左右離開工作，跳槽到另外一個協會。

我們不懂，為什麼冬冬會想要加入薪資相對低的協會。冬冬表示，從小爸媽就跟她說，付出不一定都要有等值的回報，吃虧有時候即是佔便宜。

在協會裡，冬冬很快就升上主管，但是跟著提升的只有工時，工資則是永遠跟協會共體時艱，沒有因為業務增加而成長。

由於是新創公司，因此冬冬積極參加各項活動，像是新創聚會、募款餐會、社會企業培訓等等，只要能夠幫助公司拓展客戶的聚會，她幾乎都自費、用私人的假期參加，甚至還接待總統參觀公司，俐落地介紹公司的業務。

習慣照顧身邊的人

那時候，正在讀研究所的我，跟冬冬還有她的妹妹當了室友。

我看著冬冬下班後還積極健身，假日又參加各種課程以及講座活動，常常佩服她的體力。冬冬的妹妹夏夏則截然不同，夏夏在一個小公司當行政，薪水不高，職涯發展也頂多成為資深專員。夏夏雖然想換工作，但找來找去都是差不多薪資的工作。

冬冬平常回家後，一定會做兩件事情：第一是問我論文的進度，第二是推薦課程給妹妹。我的論文進度非常緩慢，所以冬冬每天就是激勵我；而夏夏總是會因為冬冬的推薦而生氣，因為她覺得工作已經很累了，為什麼還要進修？依她的學經歷，進修之後，薪水也不會比較高。但冬冬認為，夏夏還年輕，現在不努力就真的沒希望。因此，她們很常以吵架收尾，冬冬再來我房間抱怨她的苦口婆心卻被當成雞婆。

那時我頗為仰賴冬冬的照顧，她真的發揮了大姊的精神，假日如果沒有活動，她會熬煮各種補品給我們吃，或者買各種好吃的東西來讓我們嚐鮮；也會跟我們分享她參加講座的心得，或是最近聽到什麼有用的訊息。總之，對冬冬來說，她始終把精神跟注意力放在我們身上，並且希望大家一起變好。

我論文寫得很慢，而且常常是日夜顛倒的作息。有次，我因為身體虛弱在床上躺著，冬冬煮了飯要我一起吃。我在床上不想動，也有點起不來。於是冬冬走到房間，叫我張嘴「啊」，然後往我嘴裡放了一片參片，叫我含著再躺一下。沒多久，我就很有元氣地起床了。冬冬說她經過中藥行，跟中醫師說了我的狀態，中醫師建議買參片讓我含著。

「冰箱還有已經切片的人參，你要記得吃。」冬冬並非出身大富大貴的家庭，她的爸媽是普通的公務員，冬冬自己也還領著不上不下的薪水，但對於照顧她身邊的人，以及投資自己的未來，她從不吝嗇。

縮小對他人的照顧

畢業工作幾年後，冬冬跟交往很久的男友結婚，過著跨縣市通勤的生活。身邊的朋友跟同事，甚至是她的先生屢屢要她換工作，覺得她這樣通勤太累，而且工時跟薪資也不成正比。冬冬總是說，她的工作很重要，對台灣很重要，她必須跟老闆一起努力。

過了幾年，冬冬還是辭職了。原因很簡單，冬冬付出了很多，但跟老闆的理念卻越來越遠，原先從事這份工作的熱情與初衷都消失了，冬冬決定離職。辭職後的冬冬，回到了新竹調養身體，並且持續學習與接案，也順利懷孕，生下了兒子。

冬冬展開育兒生活後，可能因為重心轉移，我覺得她改變很多，變得比較關注家庭，也開始縮小對他人的照顧。

「我以為對別人好，他們就會感謝我，但有些人，其實只是想利用我。太多次了，我甚至覺得是不是我自己有問題。」

冬冬分享了讓她改變的故事。

她在某次的工作場合認識了單親媽媽小玲。小玲剛離婚，帶著三個孩子獨自生活，還罹患了癌症，窮困潦倒。冬冬知道小玲其實是一個很有才華的人，於是，盡其所能且無償分享資源協助小玲，她陪著小玲打理自媒體，並且介紹自己業界的人脈，希望小玲可以脫離困境，得到更多機會來讓生活穩定。

小玲也很感謝冬冬，一步步展開知名度，獲得了許多合作機會，生活越來越穩定。然而，可能因為太忙了，小玲很久都沒有跟冬冬聯絡，冬冬敲她，也常已讀不回，但冬冬覺得小玲忙起來很好，這樣代表她的生活會越來越好。直到有一天，友人傳來一張截圖，讓冬冬心寒。

截圖內容是小玲的粉專，文字裡敘述了小玲的努力軌跡，以及身邊的貴人相助，單看內容是一個生病的單親媽媽為了孩子拚命奮鬥的故事。而在這故事中，有兩個讓粉絲義憤填膺的人，一個是在小玲重病時拋棄她的前夫；另一個是強力要她遵循建議，過度熱心而造成困擾的友人，那個友人就是冬冬。

底下的留言清一色讚賞小玲的好，並批評小玲的前夫以及冬冬。許多難聽的話語跟不明所以的謾罵，讓冬冬備受打擊。這時她才發現，原來自己介紹的人脈被說成是欣賞小玲才來找她的貴人，而自己反而成為阻礙小玲發展的絆腳石。過去照顧朋友的習慣，被當成了造成困擾的舉動，甚至冬冬身邊的一些朋友，也相信小玲的說詞，站在小玲那邊。冬冬轉而尋求身心靈的協助，花了好幾年才走出來。

不用很厲害，不用一直付出，也能得到愛

冬冬告訴我，她在那個事件後反省了很多。以前因為她是大姊，所以父母希望她照顧弟弟妹妹、做好榜樣、要懂事、不要讓父母擔心，所以她把所有心力放在把自己變好，變成榜樣；她照顧弟妹，為了弟妹的未來操心，卻換來弟妹覺得壓力很大。她也知道有些朋友覺得她的推薦跟建議很逼人，甚至因此不喜歡她。

透過小玲的事件，冬冬學習到如何分辨朋友的情緒，也了解了自己總是過度付出，把身邊親友的成敗當成自己的責任，這都是當姊姊養成的習慣，而她不能再這樣犧牲了。

「我以前都會檢討自己，是不是哪裡做不夠，甚至覺得休息是該被譴責的。所以我努力學習，變得很有用，我以為這樣就可以讓別人開心。但當我把關注度拉回來自己身上後，我才發現，我不用很厲害，我不用一直付出，也會被愛，也值得現在的生活。」

冬冬抱著兒子分享這件事情時，她的先生在旁一直點頭，也說冬冬終於長大了。

冬冬看著我，又說：「你跟我一樣，都會很關注別人的需求。但你一定也曾發現，對方常常不領情，甚至會說你雞婆，所以你也很傷心。現在我都不想管啦，對方願意說，我就願意聽，不願意說，我就當不知道。我才不要一直在意他人的情緒，以前吃太多虧了，不值得。」

後來，冬冬又繼續說了她的發現與改變，以及剖析我的個性，並且分享她的經驗，想要幫我少走幾條彎路。

最後，話鋒一轉，冬冬說：「我跟你說，你不要花時間關注那些不重要的人，或是追求不值得的人青睞，把自己放在第一位才是最重要的。你不是一直想精進英文嗎？我最近上了一個很科學化的英文課，還拉著我先生一起去，收穫真的很多。你不要猶豫，過去我推薦你的東西，你都很猶豫，真的去做了以後，是不是收穫都很多？我真的是親身試過才推薦給你的！」

4 都是長女的部門

再過兩年要奔四的小紅，到現在的公司已經快四年了。小紅換到這份工作的原因很簡單，就是希望可以準時上下班。

本職是攝影的她，過去都在民間公司或是新創團隊工作，同事人數都不多，主管甚至老闆都是扁平化管理，常常一人身兼多職，身為攝影的小紅，也會被要求加入產品企畫與行銷宣傳規畫。

「我覺得我不像攝影，而像產品PM，從生產設計到製作一條龍這樣。」

小紅總是這樣感嘆著，這種工作型態也讓她幾乎沒有固定的休假時間，遑論認真投入一段感情。因此，她希望換到一份正常上下班，或至少不用一個人身兼多職的工作，這樣她才有更多時間經營感情，踏入自己一直嚮往的婚姻生活。

認識多年的前同事兼好友推薦她來現在這份工作時，她沒想多久就同意了。實際上班後，也真的如她預期得以準時上下班，就算加班，也是久久才一次。她如願以償地過上了夢寐以求的人生：朝九晚五、下班後去探索美食或者上上喜歡的課、假日跟男友約會。

一切都很平順，而小紅也跟幾個同事一起企畫了新的工作專案。當然，小紅在這裡也秉持著新的期許，就是只參與設計的工作。小紅跟同事也相處愉快，大家常常湊在一起分享自己觀察到的事情，並且很快就會討論出執行方法。接著，就會分工執行。一切都很順利，大家都會各自找到自己要做的事情。

一切彷彿都朝著理想的狀態前進。

但半年後，開始不對勁。

起初，小紅只是覺得，主管的管理似乎越來越不穩定，常常約談同事，談著談著就開始謾罵。從一個禮拜一次，到兩、三天一次，最近每一天都會出現這樣的橋段，而被約談的同事，也越來越多。

另一個讓她感覺不對勁的，是主管又開始指派她攝影以外的工作。

例如主管覺得同事A寫的企畫不合格，便在組會中檢討A，請大家幫忙想想可以怎麼解決問題。而當小紅提出不一樣的想法，或是找到資訊時，主管總是在大家面前誇獎小紅，同時，也會再度利用小紅的優秀來譴責A，像是「你看看，因為你一個人表現不好，大家才必須用下班時間幫你找資料，完成專案。你看小紅，她來應徵時只是攝影，現在她寫出來的企畫案比你好太多。你應該請小紅吃飯，你太對不起她了。」

就這樣，那個工作的執行，順理成章又到了「表現好的」小紅身上，而A則時不時在主管的要求下，跟小紅道歉，或者請她喝飲料。

另一方面，主管也逐漸提高對小紅的需求，改變了過去的工作方式。

起初每個專案，小紅都會跟負責企畫的同事共同討論，再一起去跟主管報告。企畫通過後，她再去拍攝跟剪輯，成品出來再給主管過稿。有需要修改的地方，主管也會給予明確的指示，工作效率非常高。

當主管開始針對A以後，過去的方式就行不通了。主管會嚴格管控每一個專案進度，並且不容許新的專案出現。在有初步成果後，小紅覺得主管會看負責的人是誰，來展現不同的態度。如果是A主責，主管會從頭批評到尾，最後不通過。如果是其他人負責承辦，則看當天主管的心情。但無論是哪一個結果，給予小紅的修改方向越來越模糊。

「你想想如果你是老闆，你會想要什麼樣的攝影作品？」、「你知道我看了你們的作品後在想什麼嗎？我希望你不要只是等我說答案，要來猜我想要說什麼」，甚至是「如果這個影片一直不過關，其他人的加班就是你害的」，以及「你年紀比大家都還要大，你應該更成熟才對」等等。主管的指令對於工作推進沒有幫助，卻像是小時候小紅爸媽常對她說的話。

從家庭延伸到職場的讀心術

小時候，小紅的媽媽時常突然生氣，小紅必須一直安撫媽媽，才能避免冷戰，而媽媽最常掛在嘴邊的就是：「你難道不知道我在生氣什麼嗎？」

小紅真的不知道，而媽媽總是要她猜，要她閱讀空氣。

至於爸爸，對於小紅的要求非常高，無論是學業上的表現，或是生活舉止，甚至是道德要求，都超級嚴格。

例如考試考差了，妹妹可能只是被念，而小紅一定會被罰半蹲，甚至是打手心。每當小紅傷心難過，問爸媽為什麼要這樣對待自己，爸媽總是說：「因為你是姊姊，姊姊要做榜樣。」

長大後的小紅，在主管開始產生變化後，便陷入嚴重的自我懷疑，每天都在揣測主管內心的想法，每個動作都讓她草木皆兵，甚至到最後為了討好主管，小紅一個專案會做好多個版本，也只敢挑主管心情好的時候才報告，避免又被交辦其他工作或是藉此宣洩對他人的不滿。

又這樣過了一年多，小紅身邊許多比她早來的同事離職了，新來的同事，也很快急流勇退。甚至有幾個新來的男同事，備受主管喜愛，從來沒有受到任何無理的要求，但他們也是待了幾個月就離開。

小紅曾經問那些同事，沒有被針對，為什麼要走？同事則問他：「為什麼留下？在這裡看主管的臉色工作，不累嗎？也不會有成長吧？」

身邊同事幾乎走了一半以後，小紅跟剩下的同事開始組成自救小組，所有的專案都一起想，一起報告，這樣被罵也會一起。當這招試了幾次而沒有太大用途後，小紅跟同事除了求神問卜外，也決定團體諮商，看看是否有機會化解他們面臨的困境。

「諮商師聽我們說完後，眼睛瞪得超大，並且問我們：『剛剛你們都說主管給你們的壓力很大。我要跟你們說，主管給你們的已經不是壓力，是職場霸凌了，你們怎麼還不離職？』」

小紅他們幾個人想了一下，跟諮商師說：

「我們其實覺得主管的要求，努力一點還是做得到。重點是，這些工作不能都沒有人做。如果我們都走了，那誰來負責？所以我們才撿起來做。我們只是受不了主管的情緒，以及都要猜他的想法，這樣滿累的。工作真的不難啦。』

小紅告訴我，諮商師聽到之後只是無奈地搖搖頭，建議他們每個人都應該繼續做心理諮商。如果可以的話，就離職吧。

抗壓性很高

再後來，拖了三年多，主管終於離職，換了一個正常的主管，大家持續做下去。

一切塵埃落定後，有天已經離職的同事們回來找小紅跟其他同事一起吃飯，大家就像倖存者聯盟一樣，討論著如何度過這一場劫難。小紅說起諮商師「誇獎」她們抗壓性很高，但同時跟她們說，抗壓性太高，通常也容易被職場霸凌而不自知。

大家一邊吃飯一邊分享以前的工作經驗，發現每個人或多或少都遇過相似的問題。像是做超過本來應聘時的業務、屢次被指派為專案的負責人、容易成為主管吐露心事的對象、經常成為職場救火隊等等。

這時候，小紅突然說：「欸，你們有沒有發現，我們幾乎都是家裡最大的孩子？會不會因為這樣，我們的抗壓力才會那麼高？」

旁邊的同事也附和：「對呀，小時候最常聽爸媽說：『你是大姊，多做一點事應該的』、『你是大姊，不用爸媽說就應該知道要做什麼』。」

另外一個同事還神來一筆：「而且，我們還都是女生。長女耶，聽起來就很好用。」

大家紛紛點頭，感嘆全是長女的部門，真的超級社畜的。

1 五百田達成（2019）。悶悶不樂的長子長女&不負責任的么子么女：從「家中排行」分析性格特質&溝通方式（蔡麗蓉譯）。楓書坊文化。

2 Lehmann, J. Y. K., Nuevo-Chiquero, A., & Vidal-Fernandez, M. (2018). The early origins of birth order differences in children's outcomes and parental behavior. *Journal of Human Resources*, 53(1), 123-156

3 清華大學與交通大學在每年三月舉辦的校際比賽，從一九六九年舉辦至今，為紀念清華前校長梅貽琦與交大前校長凌竹銘，名稱各取梅貽琦之姓、凌竹銘之一字所制訂的名稱。每年梅竹賽前，兩校的學生都會成立籌備會與加油隊，並舉辦遊行、招募志工等等活動，是新竹兩校重要的活動。

CHAPTER

6

父母老後，女兒的社會責任又一樁

很多女性應該都有過差不多的情境，在三十歲左右求職面試時，無論學經歷有多完美，總是會被問：

「你有結婚的打算嗎？結婚後打算生小孩嗎？你這五年的人生規畫是什麼？」

這些問題的背後，是對於婚育適齡女性的想像。

中國一檔節目《喜劇之王》中，脫口秀演員小鹿帶來了一場表演，主題是「令人胎動的Offer」，內容是這樣的：

「職場對於招聘女性的要求，就是你要很有才能，但是不會懷孕。30＋女性的處境，就是很割裂，父母總擔心你不生孩子，公司總擔心你要生孩子。」

這場脫口秀帶來了百萬人次的觀看，很多人認為它點出了女性三十歲以後的求職現況。

不過，女性面臨的性別歧視，不只這些。

前陣子跟人資朋友聊天，討論到面試時會問什麼問題。朋友說，公司最近要招募資深員工，除了學經歷外，超過四十歲以上的面試者，也要關心婚姻狀況，特別是單身未婚的女性，一定要問：

「爸媽還在工作嗎？有兄弟姊妹嗎？他們的婚姻狀況如何？」

主要的目的在於，要知道這樣的資深員工，是否已經面臨父母的長照問題。對於女性，特別是單身未婚的女性，這個問題更加重要。

「因為，她們隨時都可能辭職回家照顧父母。」

人資朋友接著繼續說：「你不覺得女性很可憐嗎？三十幾歲關心你要不要結婚，想不想生小孩，怕你入職後就去追求人生的不同階段；到了四、五十歲，以為小孩都大了，撐過去了。結果對公司來說，又覺得你接下來就要去長照爸媽了。欸，這樣的問題幹嘛不去問男生，還有，如果這樣的話，要不要乾脆說女性最適合工作的年齡，是三十歲以下，六十歲以上算了。我們女生是一輩子照顧人的角色喔？笑死。」

當長女的社會功能漸漸改變，不再被期待要為家庭犧牲，甚至透過教育讓自己取得一定的社經地位時，本以為從此可以自由選擇，例如單身就成為常見的選項，不生更是少子化的今天最熱門的選擇。

然而，隨著父母逐漸年老，卻也不難發現，在照顧父母這個議題上，從長男、長女，擴展到所有女兒身上。無論單身與否，只要是女兒，就是長照啟動時，當然的頭號照服員。也讓人不禁想，所謂的「養兒防老」，真正能夠防老、陪老、老後照顧的，好像只有「女兒」。

「國家最好的長照保險，是一個任勞任怨的女兒。」這句七年前出現在美國醫學雜誌的結論，放在當代的台灣，似乎仍然適用。

媽媽現在固定要到兩個醫院回診，有時候我有空，就會陪她去醫院。在醫院裡，很多老年人的旁邊，看起來像是台灣臉孔的人，通常都是中年女性。而這些人，多半都是他們的「女兒」。我想，照顧父母的責任，似乎僅僅是從過去的長女、長媳，移動到女兒，無論她們是否已婚，養個女兒，才是真的防老。

I 養女兒防老？

我的好友大米，在四十幾歲時，回家照顧爸爸。她將照顧爸爸的日常分享在網路上，引起非常大的關注。文章留言處聚集很多正在長照家人的粉絲、藝人，甚至是第一線的看護、社工，大家紛紛講起自己遇到的問題，也彼此安慰。這之中，幾乎絕大部分都是女性，不是媳婦、就是女兒，再不然，就是老老相顧的妻子。

誰來照顧父母？

專注熟齡的雜誌《橘世代》有篇文章〈兒子要賺錢，單身女兒回家顧父母成理所當然？「家庭照顧協議」協助解開家人的結！〉，[1]裡面提到，中華民國家庭照顧者關懷總會（以下簡稱家總）提倡以「家庭照顧協議」來解決家庭裡照護責任的平衡。

家總曾經調查家庭分工的狀況，希望討論長照家庭中經常引起爭執的衝突點，以及如何解決。調查結果顯示，其中將近五成七的家庭曾因為「照顧方式想法不同」而爭執，二成三的家庭因為「照顧費用分擔不均」而引發衝突。

深入家庭後的現象更令人驚訝，他們發現多數都是女兒被召回家照顧長輩。而在當代醫療發達的情況下，很多人一照顧就好幾十年。甚至還有照顧者表示，其實她們還有其他男性手足，但家中會以「男生需要去賺錢」為由，要求女兒理所當然負起照顧責任。有結婚的女兒亦然，沒結婚的女兒，甚至連拒絕的空間也沒有。

二〇一七年，衛福部公布台灣民眾對子女性別態度調查，[2]一般民眾期待的子女偏好，普遍為男女均可，顯示台灣社會的重男輕女傾向大幅改善。但對於生男生女的表態，從二〇一一年至二〇一四年，以女兒居高，兒子的比例大幅下降；剛生育的婦女想生女兒的比例，更是高於生兒子；對下一胎的偏好，無論父或母，對兒子的偏好度都大幅下降。雖然公婆仍舊是期待生孫子大於孫女，但數字也是下降一半以上。

隨著時代變遷，想生女兒的比例變高了，是否代表著台灣已經逐漸不再重男輕女，甚至如同許多人認為的：女權高漲，女性的時代來臨了？

關於這個現象，或許我們應該去了解每個家庭是如何考量生命歷程，以及各自對家庭角色分工的想像是什麼。

內政部二〇二二年針對民國一一〇年使用日間照顧系統的家庭展開調查，發現其中主要的照顧者，女兒29.5%、兒子26.58%、媳婦17.72%，配偶或同居人15.16%，而這其中，又有多數是妻子。可以說，將近五成的照顧責任，落在女性身上。[3]

走到醫療院所，陪伴年邁老人就診的，多數都是女性，她們常常負責張羅爸媽的照顧，包括陪伴就診就醫、復健、後續治療，甚至是擔負起全職看護的角色。

前陣子，我一個男性朋友的爸爸入院了，負責去照顧爸爸的，是他的妹妹。他其實在一段時間後才知道爸爸住院，因為爸媽不希望影響他的工作，覺得妹妹一個人回來顧就夠了。

他沒有結婚，而妹妹已經出嫁還是個職業婦女，卻在父母需要照顧時，被叫回來盡孝。就像上一章的南南，即使她在媽媽洗腎後盡心盡力陪伴，媽媽還是只會叫偶爾來的兒子好好回去休息，不要因為請假而給老闆留下壞印象，這樣對未來不好。

諷刺的是，有未來的，好像只有兒子。

最好的長照保險：一個任勞任怨的女兒

二〇一七年，美國《JAMA神經學》刊載了一篇失智症患者的照顧研究，負責研究的史丹佛大學團隊發現，失智症患者的照顧者，越來越多是家庭成員中的女兒，研究指出，女兒傾向為年邁的父母承擔無償護理的負擔，近三分之二的女性投入長照父母，並且比兒子長照父母的可能性高了28%。因此，團隊表示，「我們國家目前最好的長照保險，是一個任勞任怨的女兒」。[4]

如同我阿公在失智後，我的姑姑們即使出嫁了，在這個時刻還是會被召喚回家，照顧年邁失能的父親。未出嫁的女兒更直接被視為當然的照顧者。

當我跟年齡相仿的女生朋友聚會時，大家近年也開始分享長輩的照顧問題。一位朋友就說，在父母需要照顧的時候，無論是兄弟、出嫁的妹妹，甚至是妹婿、婆婆，都自然而然認為女兒就是要照顧媽媽。

與此同時，雖然也有男性負起照顧責任，但跟女性相比，幾乎不成比例。同樣的研究團隊在文中直指，如果二〇一七年是這樣，很難想像到了二〇三〇年，美國五分之一的人口超過六十五歲以上時，情況會有顯著改善。

事實上，即使到了本書付梓的二〇二五年，在台灣負責照顧年邁、失能家庭成員的，絕大多數仍是女性，特別是女兒與妻子。

過去照顧家庭的工作，常常落在長女身上。犧牲一名家庭女性成員，即可承擔多數的照顧責任。然而，在少子化的今日台灣，這個照顧的角色，卻仍由家庭的女性成員承接，此時，無論女性成員在家中的排序在哪，都被視為照顧先鋒。

美國阿茲海默協會的報告也指出，[5]這些負責照顧的女性，被迫離開全職或兼職工作的可能性，比男性高出了七倍。她們更容易缺勤、請假，影響職涯發展，還可能因此失業。甚至因為照顧分身乏術，造成身體的損傷、婚姻關係的緊張與社交圈的斷聯；在雙親離世後，她們不僅要面臨情感上的打擊、回歸職場的阻礙，甚至是生活的不穩定，變成所謂的下流老人。

好友大米在父親長照期間，負起了絕大部分的照顧責任以及經濟負擔，因為自己單身未婚，且最有經濟實力，又是女兒，因此，當爸爸需要長照時，家人第一個想起的就是她。她的文章提及，在重男輕女的家庭裡，女兒的角色很像工具人，出事了要一起承擔，有福的時候，不能分一杯羹，因為女兒是外人，始終會是別人的。

隨著醫療技術進步，人們的平均餘命延長了；再加上少子化，台灣每個人的扶養比變得越來越高。二〇五〇年，台灣即將步入超高齡社會，或許在這之前，釐清照顧責任與分工，才能達到實質的性別平等，避免因為性別角色期待而造成的不公平持續發生。

大米在父親過世後，在社群上跟大家說：「身為在重男輕女家庭長大的女生，常常會自動自發或者被迫放棄繼承，我基本上不會放棄繼承，該我的就是我的。」越來越多人挺身捍衛自己的權益，讓照顧的責任不再專屬於女兒、妻子、媳婦等女性。

要解決家中長照問題，絕對不是犧牲某部分群體，更不是淪為某個性別的命運。

2 當長女成為媳婦

一次喜宴上，我們以女方親戚的身分，出席宴會。吃飯時，我聽到大姑姑跟其他親戚討論著新郎的家庭，她喟嘆地說：「真羨慕啊，親家都過世了，以後嫁過去幸福囉。」

同樣的話，我也曾經聽媽媽說過。

因為，一樣身為長女的她們，在離開原生家庭進入新的家庭後，不只要以媳婦的身分承擔起新家庭的責任；在原生家庭的父母年紀變大後，作為女兒的她們，也無法完全撇開照顧責任。

我在畢業後，常常聽到女性朋友半開玩笑地說，最黃金的單身漢，不是高富帥，而是無父無母，最好跟親戚感情也不好，這樣就只要過好他們小家庭的生活，不怕有人碎碎唸。

隨著台灣進入超高齡社會，長照這件事情，越來越常被提起，成為不可忽視的重要問題。但投入照顧工作的，絕大多數是女性，妻子、媳婦、女兒，或者其他女性成員。從新聞報導或是網路討論，也經常可以看到因為照顧議題而分手的情侶、離婚的夫妻。而當那群任勞任怨的長女，進入婚姻成為媳婦後，她們又會是怎樣的狀態呢？

預見長照未來，媳婦轉行賣水煎包

我媽媽在四十歲出頭時，離開了工廠的工作，選擇創業賣水煎包。

她之所以如此，是考量到公公逐漸年邁，開始出現阿茲海默症狀，需要有人照顧；媽媽回娘家過年的時候，外婆也會提醒媽媽這件事情。因此，考慮到後續照顧公公會衍生出的事務，包括看醫生、陪病等狀況，可能要頻繁請假。如果繼續在工廠工作，一方面可能會被當作麻煩分子，另一方面也可能造成其他同事的工作負擔。

我曾經問媽媽，為什麼要轉行賣水煎包？因為做吃的真的很累。

媽媽跟我說，阿公開完刀後，身體越來越差，好幾次鄉下其他房親戚都打電話來抱怨，阿公似乎記憶力有點錯置，常常誤會別人偷他的錢，導致鄉下的親友苦不堪言。

媽媽問我還記不記得有一回過年，大家在三合院泡茶聊天，媽媽跟其他姑姑、姑婆們在旁篩選菜葉、處理菜豆，為過年做準備。此時，旁邊突然傳來好幾句「幹你娘機掰」等髒話。接著，隔壁房的叔叔突然衝過去打了阿公，而阿公也拿旁邊的板凳回擊，現場亂成一團，旁人連忙起身勸架。

這場鬧劇，最終以阿公皮肉傷，那位叔叔中等傷結束。事後細究起那場衝突發生的原因，其實是阿公又誤會其他叔公、嬸婆跑到他房間偷錢，才引發叔叔不滿，我們也不得不正視阿公的問題。

從那之後，鄉下的親戚三不五時就打電話來問，什麼時候要把阿公接上台北照顧。

幾次檢查後，我們才知道阿公罹患了阿茲海默症，因為逐漸失智，所以阿公記不得很多事情，或者只記得片段。例如領了四萬元放在包包裡，但其實可能是幾個月前的事情，後面也花掉了。阿公卻忘記自己花掉，找不到錢時，自然而然，就把附近的人都當作賊。

確定了病因，阿公也就順勢留在台北的家裡，在兒子媳婦的眼皮子底下生活，比較好照顧。阿公因為失智的關係，會有點「番顛」，常常跟爸爸吵架，或者誣賴媽媽偷東西，甚至偷跑回鄉下，在鄉下數次摔傷。而且阿公有糖尿病，傷口癒合得慢，導致行動不太方便。最後，我們還是決定把阿公從鄉下帶回台北。而媽媽也因為轉做路邊攤，時間變得比較自由，可以把阿公帶在身邊，或撥空買飯回家給阿公吃。

「我就知道要照顧我大官（ta-kuann，公公），所以才去學手藝，現在剛好派上用場」，媽媽總是在各種聚會中說起她的遠見。

當年媽媽要辭去作業員工作，轉做路邊攤時，很多人不看好。甚至因為要買攤位、煎鍋跟材料，而跟阿公借錢，被說得更是難聽。忍受好幾年罵名，終於做得有聲有色的媽媽，也在阿公搬到台北後，向大家展示自己的高瞻遠矚。

其實媽媽很早就知道身為媳婦的她，必須照顧公婆，即使吃力不討好，也必須去做。所以，媽媽決定經營小生意，時間彈性，平常工作的時候也能把公公帶在身邊，不至於讓罹患阿茲海默症狀的公公，在家裡做出任何危險的行為。

事情也照著媽媽預想的那樣進展著，阿公的病情迅速惡化，到了媽媽不得不二十四小時照看的地步，那時正在就讀高中的弟弟妹妹，也常常需要幫忙把屎把尿，換藥、叮囑吃藥，以及煮飯。而洗澡跟換洗等事物，則是交給爸爸處理，但爸爸處理得並不好，不知道是真不會還是假裝不會。總之，幾次之後，阿公因為爸爸照顧不好而生氣，甚至還哭了。最終，爸爸請了住在附近的姑姑們回來幫忙，每天幫忙阿公擦洗身體。才避免阿公因為疏忽清潔而讓病情加重，機能更加退化。

轉行還不夠，最好全職照顧

過了半年左右，這樣的往返生活也讓表兄弟姊妹不滿，認為自己的媽媽不應該一直回去幫忙照顧她的爸爸。於是，一天，姑姑作東，找了大家一起吃飯。吃了一陣子之後，姑姑突然表示，希望媽媽可以收起攤位，專心照顧阿公，他們幾個兄弟姊妹分攤，一個月給媽媽四萬，讓我媽可以生活。

媽媽當然不同意，說她可以幫忙照顧，但也要繼續擺攤，這樣即使阿公走了，自己也還有謀生能力。更何況自己還有小孩要養，那四萬看起來很多，但包山包海，根本不划算。媽媽也表示自己的體能不佳，沒辦法一個人顧阿公。

於是，爸爸跟姑姑們便把主意打到我小妹身上，要小妹畢業後就回家顧阿公，一個月四萬，飲食另計，比她去外面工作的起薪還高。其實我弟弟已經畢業了，也正在找工作，薪水也遠低於四萬。但爸爸跟姑姑覺得，男生不能在家裡照顧，這樣以後人生會毀掉。

氣氛僵持不下，沒有人同意這件事情。最後，我提議把阿公送安養院，讓專業人士照顧，同樣的錢可以住很不錯的安養院，也不會委屈了誰。

結果現場說我不孝，以後會下地獄的聲音，此起彼伏，卻沒有任何人想要接下這個工作。所謂的養「兒」防老，但實際在設想照顧工作時，卻時常落在女兒、媳婦，或是任何一個女性成員，像是我妹。

沒有人想接下照顧阿公的工作，也沒有人敢接。

照顧老人跟照顧小孩不一樣，小孩在成長初期，對於萬事萬物懵懵懂懂，在大人的陪伴與照顧下，逐漸長大成熟。照顧小孩，最終的目標是期待他們長大，最終可以獨立自理生活。但照顧老人不同。老人因為是長輩，對於事物有自己的認知跟堅持，在照顧上有主見、不配合的情形較多。

有一陣子，我因為阿公的關係，而去了解與研究失智症。實務上的例子是，很多老人不洗澡的原因，並不是抗拒洗澡，而是在他們的意識中，已經洗過了。

同樣的道理，在飲食、服藥上，他們常常沒有吃或是重複吃，都是因為認知混亂，導致照顧上的困難。而照顧老人的終點，就是陪伴他走完這一生。

除了目標不同外，時間也不一樣。

孩子從出生到獨立，一般情況下，有具體的時程。七坐八爬九發牙，七歲上小學，十二歲上中學，十五歲高中，十八歲大學，畢業後工作。照顧需要擔心的可能最多就二十二年，需要緊隨陪伴的時間甚至十數年而已。

老人從需要照顧到安享晚年，可能經歷各種身體機能退化，具體要花多少時間，沒人知道。

為什麼都是女人在照顧？

我有個同學，她媽媽大概四十歲就罹患了失智症，何其年輕，那時候她甚至還沒上國中。她跟我們分享，打從媽媽生病後，她就被訓練獨立自主。奶奶辭去工作成為家裡主要的照顧者。因為是媽媽，所以爸爸、哥哥們以生理有別為由，避免貼身照顧的換洗等工作，而她們這些女兒，回家就要接手幫忙。就這樣，媽媽被她們照顧得健健康康的，看起來還可以陪著她們好一陣子。

現在我們都三十幾歲了，她也結婚了，還有了小孩。前陣子聽她說，奶奶也因為年邁而需要請人來照顧，除了爸爸外，其他已婚的姑姑也會輪流回來幫忙照顧奶奶。她說，再過幾年，可能爸爸也需要有人照顧了，而我這位同學的嫂嫂，則被預設為照顧的人選。除了夫家之外，嫂嫂的娘家也希望她以後可以回去幫忙照顧爸媽，雖然嫂嫂有一個哥哥，但哥哥單身沒結婚，加上他們覺得給女生照顧還是比較合理，所以嫂嫂就這樣成為了理所當然地照顧預備軍。

想到那充滿長照的未來，朋友瞬間老了十歲。我安慰著朋友，邊想著好險自己有三個弟弟妹妹可以幫忙，後來她說：

「我現在很慶幸，當時我選擇讀社工，先生也跟我一樣在台北上班，這樣以後真的要照顧我爸媽跟奶奶，我也知道哪裡有資源可以申請使用。啊，好希望他們可以再撐一下，等到我小孩都長大了，以後也可以幫我一起顧。女兒跟兒子都要幫忙，都是自己的外婆跟外公啊。」

朋友說完後，我才突然意識到，為什麼在照顧阿公的分工中，爸爸沒有被譴責？姑姑們就應該負起照顧責任嗎？為什麼總是媳婦、女兒、孫女等家中女人投入長照的行列？

正如媽媽高瞻遠矚地辭去正職轉為擺攤，不也是早就「料想到」自己終究要照顧公公，所以「提前」準備嗎？而我的爸爸是泥作師傅，工作相對自由，沒工作就是在家休息，或是出去跟朋友聊天泡茶。這樣的「自由」，爸爸早就有了，為什麼不是他投入照顧自己父母的行列？

反觀姑姑們即使出嫁了，卻仍舊要回來照顧自己的父親。我知道，爸爸總是一句「還想要有娘家嗎？」就讓姑姑們自願回來照顧。而姑姑們在面對公婆需要照顧時，也是旁觀著自己的先生對於大姑小姑說出差不多的話，壓迫其他的媳婦跟女兒。

有次，姑姑的女兒結婚了。喜宴時，同座的姑姑們聊著說：

「真羨慕啊，嫁的對象已經沒有公婆要顧了，真好，如果我們家女兒也可以嫁這種家庭就好了。」

其實，大家都知道照顧的困難，希望這些照顧的重擔不要落在自己的女兒身上。但在面對自己的父母需要長照時，卻又期待別人的女兒（媳婦）可以加入照顧的行列。無論是當人女兒還是媳婦，未來長照老人，都早已寫進她們的「待辦事項」中。即使這樣的狀況不合理，卻也沒有人，想要起身反抗。

3 沒結婚，就是自願長照？

我在臉書上經營一個粉絲專頁好幾年了，我時常分享家庭、戀愛、職場等議題，偶爾也會分享長照的故事，因此，常有粉絲私訊我，聊聊家裡的事情。很多時候，粉絲會分享自己的工作心酸、育兒苦甜，甚至長照心情。由於粉絲跨齡較大，我經驗也不太夠，因此，我開了一個群組，讓大家可以彼此分享意見。

今年四十歲的粉絲酥餅，分享了她最近協助媽媽長照的日常，意外地掀起了群組的熱議。我這才發現，原來比我大三歲的人，已經開始要照顧年邁的爸媽了。

酥餅跟我們說，去年底媽媽因為跌倒骨折，身體變得很差，一直到現在都沒有穩定下來。

酥餅是自由工作者，自從媽媽跌倒以後，幾乎都是她回家照顧，最近雖然媽媽的骨折已經痊癒，但卻引發了身體的舊疾，導致平常生活要吸氧氣，睡覺也要戴呼吸器。然而，媽媽的狀態還不符合申請外籍看護的資格，只能先使用長照服務。

酥餅的工作雖有彈性，但是為了維持生計，工作量也不小，兩三天回家一次，已是她的極限。在這中間，就需要請台籍看護來銜接。台籍看護一天的薪資，至少二千六百元，長期下來，是非常沉重的負擔。

此外，家中房子老舊的問題，也在媽媽跌倒後，成為必須面對的重大問題。過去酥餅家一樓作為倉庫，沒有設置任何房間，現在媽媽行動不便，需要住在一樓，才能方便進出醫院。因此，酥餅媽的積蓄也在房子改建、就醫、看護、各種醫療儀器購買等狀況下，逐漸坐吃山空。

最近，壓垮酥餅的最後一根稻草是，本來跟看護派遣公司談好的價格，因為沒有簽約，被當場加價。酥餅不願接受，看護公司決定不派遣看護來照看。酥餅有工作在身，無法抽身，希望妹妹可以幫忙分擔照顧責任，但妹妹卻敘述著自己的不得已。

單身就要負起更多照顧責任？

酥餅妹婚後育有一子，孩子還很小，又是所謂的高需求寶寶，需要父母傾注更多的關注。而酥餅妹夫的工時非常長，酥餅妹常常是偽單親狀態，不僅無法騰出時間照顧媽媽，也因為要養孩子，能出的錢有限。

酥餅妹希望酥餅可以結束自由工作者的身分，找個離老家近的行政工作，搬回家照顧媽媽。但是酥餅非常喜歡現在這份工作，並不想離職。妹妹於是跟酥餅說：「我婆婆也覺得你應該請假回家照顧媽媽，反正你也沒結婚。」

酥餅轉述這段話時，群組裡的人義憤填膺分享自己的狀況，並有志一同認為，今天之所以會這樣，是因為酥餅單身。對於其他家人來說，單身沒小孩，就是自由人，很輕鬆，當然要多負擔照顧責任。

實際上，酥餅已經負擔不少照顧責任。她增加回家照顧媽媽的時間，為了節省開銷，白天她不只要照顧媽媽，還要完成所有家事；直到深夜媽媽睡著了，才開始趕稿、寫稿，完成自己的工作，確保後續的收入。晚上媽媽起來上廁所或是其他需求，都讓酥餅沒辦法獲得完整休息。如此一來二去，酥餅的身體也亮起了紅燈。

酥餅請妹妹分擔時，妹妹說自己無法任意請假，孩子雖然交付托育，但現行法規只要有一個學生感染腸病毒，個人需要停課七天，三個學生腸病毒，全班就得停課一週。即使自己好好看住小孩，也可能因為其他小孩而必須請假回家顧小孩。若請假，也會影響收入。所以，妹妹坦白自己無法出更多的錢，亦不可能多請假回家照顧媽媽。

更重要的是，酥餅妹夫對於妻子照顧娘家的行為不太能體諒。

酥餅在群組分享，年假最後一天，酥餅媽差點昏迷，只好請妹夫幫忙送媽媽去醫院。回家後，妹夫跟妹妹大吵一架，因為妹夫希望年假最後一天可以好好休息，結果時間卻都花在送岳母去醫院。

「我也知道妹妹的苦衷，但難道只有我一個人要犧牲嗎？」

沒結婚的女性，就像長照志願軍

群組其他人也只能鼓勵酥餅多上來分享，至少吐吐苦水，不要積在心裡。因為群組裡的媽媽、媳婦們都知道，即使酥餅再怎麼反抗，最終也會落得沒良心、沒結婚沒小孩沒婆家爽爽單身的一個人，怎麼還這麼計較的結論。

其他有媳婦身分的人則說：「就算已婚有孩子，也會被親朋好友說，再怎樣都是做人女兒的，就應該來顧。」

大家相互唉聲嘆氣，似乎遇到照顧這件事情，總是女兒、媳婦、妻子的責任。而男生，例如爸爸、先生、兒子，則是可以安穩地專心工作，彷彿投入照顧工作，是女性的天職。即使要照顧小孩，要兼顧工作，都應該是女性的責任。

沒結婚的女性，就像長照志願軍，在長照大戰開打時，第一時間送去前線攻城掠地。而這是一場必敗的戰役，最後，當敵人被打敗時，好一點的，可以獲得遺產獎勵；差一點的，會被指著鼻子罵怎麼照顧的；最可悲的是，辭去工作照顧年邁的父母，待父母百年以後，自己孑然一身，沒工作、沒家庭、沒社交，甚至沒有收入，淪為下流老人。

這也是當初我們嚴格拒絕姑姑提案的原因，她認為提供一定的金錢給我媽或是我妹，當作照顧的薪水，不會比外面的工作差。保母與看護一樣，雖然都是從事更貼近人的照顧工作，但這些服務均可明碼計價、工時明確；然而，涉及親緣、親屬關係的照顧，即使事前說好價格與工作項目，也通常被期待付出更高的情緒價值、提供更多的身心照顧。因為這類照顧，更容易被連結到傳統觀念與風俗民情，成為社會道德規範的一環，而非純粹的商業行為。

在長照議題上，終究是女人何苦為難女人

我問酥餅，是否考慮把媽媽送去安養院或其他機構？酥餅嘆了一口氣，她知道那是最省事的方法。在機構裡面，有專人看護，無論食衣住行，甚至安全，都有保

障，整體花費也低於請看護。然而，酥餅媽媽因為過去的經驗，不願意住機構，所以他們才會選擇在家照顧。酥餅也不願意送媽媽去機構，「我想讓媽媽在她最熟悉的地方生活」。

討論到最後，大家換個方向，幫酥餅找別的方法。例如定期定額投資股票、請爸爸也負起責任等等，希望能夠減輕酥餅的負擔。但大家都知道，無論酥餅或者是酥餅妹，在長照議題上，終究是女人何苦為難女人。就算有哥哥、有弟弟，最終進入照顧體系的，可想而知，可能也是他們的太太。

酥餅最終還是選擇了維持現狀。

「繼續深究下去，好像也只是為難妹妹而已。以後，她也要照顧她的公婆，也是辛苦。至少，我照顧的是自己的媽媽。」

4 打工度假，照顧爸媽前最後的放縱

年紀跟我差不多，一樣是三十幾歲的小優，是我大學時代認識的朋友。她是個特別可愛的人，給人一種很純真的感覺。如果真的要說她是什麼樣的人，大概就是標準的台大生家庭。爸媽都是高學歷分子，任職公務員，家在大安文山區，哥哥建中畢業後上台大，小優景美女中畢業後來清大念書，完全就是典型的台大家庭。

我問小優為什麼不努力一點，考上中山女中或是北一女中等成績更好的學校？小優的回答讓我們猛揍她一頓，「我不想耶，景美離我家最近，我只想離家裡近一點。」

小優真的如同自己說的，都在家裡附近打轉。她從小到大都在爸媽身邊，就讀附近的學校；大學也是填錯了志願，才去到清大。畢業後，她就回到台北，從家裡通勤上班。即使最長的通勤距離，是來回三小時，她仍然堅持通勤。

我們有一群大學同學感情很好，大家都叫我們七仙女，後來因為我們覺得太丟臉了，再加上我們實際上有九個玩在一起的朋友，所以，我們幫自己正名為「九官鳥」，符合我們嘰嘰喳喳的風格，也反映了平常大家總是附和彼此的意見，就像九官鳥一樣。

我們九個人之中，只有小優不是長女。因此，她跟我們的個性南轅北轍。小優有自己的做事風格，勇於說出自己的想法，卻也不吝嗇於配合別人。有時候，小優積極看事物的個性，會在她失敗的時候被嘲笑，但她也不會記恨，頂多聊起之前被笑的事情時，稍微酸一下當時笑她的人而已。她的個性比較灑脫，換個現代常用的話就是，比較不內耗。更多的時候，她會積極聚集大家一起行動，或者，有點撒嬌，就像妹妹一樣。

習慣照顧家人的次女

小優很習慣照顧家人，許多決定都會考量家人的需要。當小優的媽媽罹癌後，小優也轉職到服務業，原因是服務業可以自由排班，小優因此能掌控時間，陪媽媽去治療。那時候小優的爸爸還沒退休，哥哥也在公務機關工作，請假並沒有那麼自由。雖然媽媽可以自己就醫，但做完化療其實相當虛弱，因此，小優便擔起這個責任，陪媽媽就診，也讓媽媽安心不要胡思亂想。

那時支撐小優的，除了家人的緊密連結、朋友的鼓勵外，就是追星了。透過偶像的演出與節目，小優擁有了充足的精神食糧來轉移自己的害怕與對媽媽病情的擔心。

所幸，療程十分見效，小優媽媽的病情顯著好轉。那時候小優大概三十歲，她毅然決然跟家人說，希望可以去日本打工度假。一方面她已經工作八年了，想要休息一下；另一方面她沒說的是：「我想媽媽的病情未來說不準會復發，趁她現在還健康，我想去國外看看、闖闖，自己生活一陣子。」

小優去日本打工度假沒多久，就碰到Covid-19疫情大爆發，也讓小優不得不在日本續約一年。

我想，小優或許是感謝疫情的。因為疫情，國內的人無法離開，國外的勞動力無法進入，日本政府不得不提出延長簽證的法令來留住勞動力，而小優也在這過程中，更加有時間跟自己獨處。

兩年多後，小優終於回來台灣了。其實，她在日本也很緊張，因為小優的媽媽癌細胞轉移，又必須治療了。這次的轉移，也讓小優的媽媽幾乎崩潰。

幸好，小優在日本期間，嫂嫂生了個可愛的孩子，由於嫂嫂需要繼續完成學業，因此常常請小優的爸爸媽媽幫忙照顧。小優的媽媽有了這個小孫子，變得積極起來。當上阿公阿嬤的兩老，每天在孫子屁股後面跟著，心情也好了許多。

幫別人育兒的單身女性

小優回台後，除了上班、帶媽媽去治療外，也加入育兒的行列。

我們九官鳥的聚會，分成兩派：育兒派、幫別人育兒派。無論哪一派，大家對於育兒都很有話聊，沒有孩子的，甚至嫻熟到自己好像有了小孩。

我跟小優還有其他幾個姊妹，都做好了可能單身一輩子的準備，我們時常聊到未來要幹嘛，可能要幫忙照顧家人的小孩，或者照顧年邁的爸媽。小優比我們提早遇到照顧家人這件事情，聊天過程中，我們不禁感嘆，如果自己打拚事業的時期，父母正好需要照顧，子女就會面臨抉擇。

小優慶幸爸爸已經退休，身體還算強健，可以幫忙照顧媽媽。如果什麼都沒有，或者小優自己也結婚了，那真的不知道該怎麼辦。小優說雖然她住在家裡，哥哥婚後也住得不遠，但在帶媽媽看醫生這件事情上，自然而然好像是貼心的女兒會接手，而她在找工作時，也會傾向找工作壓力不那麼大、彈性一點的工作。

最近，小優興起了換工作的想法。除了因為現在的工作必須第一線面對客戶的申訴，讓她覺得壓力超大外，最主要的原因，是她希望工作不要那麼重，假日不用加班，這樣她才有時間照顧家人。

「今年應該是我們最後一年出去玩了，我爸說他老了，不想浪費錢換護照，而我媽身體也越來越虛弱，可能在國內玩就好了。我應該接下來就是照顧他們、照顧姪子，然後，等他們走後，再想下一步吧。」

不是因為你是女兒就要負責照顧

去年，我學了溫罐按摩，積極幫身邊的朋友舒壓。小優在媽媽化療後的一週來找我溫罐，順便帶媽媽出來走走。在溫罐的時候，我確實感受到小優媽媽變得好瘦好小，小優在旁一邊跟我聊天，一邊跟媽媽分享最近的事情。我按到一些比較刺激的點，詢問小優媽媽是否感覺不舒服時，我看到小優眼眶中的淚。我想，小時候抱著自己、保護著自己，纖細但不瘦弱的母親，如今在自己面前卻如此虛弱，真的令人難以平靜面對。

回家後，我跟小優分享我在按摩中觀察到她媽媽的身體狀況，也傳授一些居家小方法，讓小優可以在家裡幫媽媽放鬆。同時我也問及，都是她在照顧媽媽，會不會覺得累或是不公平？

小優說：「以前我阿嬤不是比較疼我小嬸嬸，對我媽沒有好臉色。那時候，我問我媽，她不會覺得不公平嗎？我媽說，雖然會生氣，但她不覺得自己是因為是媳婦才照顧婆婆，而是因為想要幫爸爸一起照顧媽媽，才做這件事情的。未來，當你跟哥哥要照顧我跟爸爸的時候，我希望你們也可以互相幫忙，不是因為你是女兒就要負責照顧我們，兒子就不用，你們是兄妹，是未來要一起攜手面對很多困難的手足喔。」

小優前陣子跟一個同學一起去日本，說是去做商業調查。因為小優打算未來回到老家台南開喫茶店，既能滿足她開店的夢想，也能讓愛喝飲料的自己，無限暢飲。

我在Line上問小優，打算什麼時候去開店？

小優說：「等我照顧我爸媽到他們都不在了，我就能安心過自己的生活了。到時候，我再問我哥要不要入股，或是退休一起來生活，把嫂嫂姪子姪女都帶來，也沒關係，大家熱熱鬧鬧的，聚在一起多好啊！」

接著，小優又說：「這個禮拜我不用陪爸媽，也不用顧小孩，要不要去吃Buffet？我有訂到位喔。」

1 橘世代編輯部（2003年9月1日）。《長照現場觀察》兒子要賺錢，單身女兒回家顧父母成理所當然？「家庭照顧協議」協助解開家人的結。橘世代。https://orange.udn.com/orange/story/121408/7409394

2 根據衛生福利部〈台灣民眾對子女性別態度與性別篩檢經驗之研究調查〉抽樣結果，20歲以上民眾，100年534人、104年535人；20歲以上剛生育婦女，100年538人、104年534人。

3 內政部（2012）。100年日間照顧服務使用人之主要照顧者滿意度調查結果。內政統計通報，101年第7週。

4 Bott, N. T., Sheckter, C. C., & Milstein, A. S. (2017). Dementia care, women's health, and gender equity: The value of well-timed caregiver support. *JAMA neurology*, 74(7), 757-758.

5 Alzheimer's Association. (2014). 2014 Alzheimer's disease facts and figures. *Alzheimer's & Dementia*, 10(2), e47-e92.

終章——排序之外

在我大約三十歲時，醫生說媽媽的肝硬化越來越嚴重，可能需要換肝。但誰可以捐肝給媽媽呢？弟弟有慢性腎臟病、大妹有氣喘，評估後，只有我跟小妹符合資格。因此，醫生要求我們減肥，也要存一筆手術費。換肝跟捐肝的人，都需要休養半年到一年，可能無法工作。我們必須審慎考慮預算，因為一場疾病，可以讓一個家庭從小康墜入貧窮線以下。

我那時候在經濟、工作以及減肥的多重壓力下，罹患了憂鬱症。

我的情緒時好時壞，甚至有種活著好累的厭世心態。

某次，我在公司滑手機，無意間翻到照片，看到了一張圖片，上面寫著：「我的姊姊是世界上最棒的姊姊，你的漂亮妹妹家瑜上。」

妹妹在iPad上畫了這張圖，並在我睡覺時，默默傳到我的手機。

那一刻，我突然湧入無窮的信心。我是有手足的人，而他們同時也是我的夥伴。

I 在成為長女之前，她們都先是獨生女

早期社會因為死亡率高，加上務農需要幫手，一個家庭常常生好幾個小孩。那時的父母忙於農務，因此許多小孩很小就承擔起父職母職，跟著爸爸媽媽一起養育年幼的弟妹，使得我們時常聽到「長兄如父」、「長姊如母」這樣的說法，但他們也因此被犧牲各項權益。

隨著經濟發展，台灣的社會結構劇烈改變，家庭的組成從過去的大家庭，逐漸轉為核心小家庭；居住的環境也從平房、低矮公寓，變成公寓大廈。許多新手爸媽在孩子出生後，缺少了過往家族親戚的後援，也沒有鄰里的照看，一切必須自己來，因此他們變成需要跟著孩子一起成長，而父母跟孩子的關係，也變成帶有共同探索的夥伴情誼。

第一胎是父母的孩子也是夥伴

「第一胎照書養」是很多父母的寫照。

第一個孩子出生後，父母也是第一次當父母。有些父母可能擁有長輩傳承的知識，或者小時候有照顧過弟妹的經驗，因此會稍微熟練一點；但即便如此，第一次成為父母親，生養一個子女，就像開啟新課程一樣，需要摸索、嘗試。孩子成長的每個時刻，就像一個個關卡，等著父母去挑戰。有時候，借助外界的力量或是書本的指引，可以克服一些難關；但絕大部分卻需要不斷嘗試，才能解決問題。

第一胎的孩子，也是如此。作為第一個小孩，他們面對的是初為人父人母的家長，很多事情是父母跟第一個孩子一起面對與挑戰。這個時候，第一個孩子既是孩子，也是父母接下的第一個育兒挑戰。

然而，在第二個孩子出生後，情況有所改變。很多人接著會說，「第二胎就照豬養」，那是因為有了第一胎的經驗，第二胎就像是育兒2.0，可以立基於前面的經驗來養育。而第一個孩子在這個時候，就會從父母的孩子，變成弟弟妹妹的哥哥姊姊；他們也會從被照顧者，搖身一變，加入爸媽的團隊，一起挑戰照顧弟弟妹妹的關卡。

第一胎的孩子就像是寶可夢遊戲中，主角千辛萬苦破解任務所收服的寶可夢怪獸，而在下一次出新任務時，他們變成協助主角一起攻略、收服新寶可夢怪獸的對戰成員。因此，對他們來說，弟弟妹妹的出生，不只讓他們成了哥哥姊姊而已；更重要的是，他們的角色，也會從爸媽的小孩，變成爸媽的夥伴。

在手足出生前，所有孩子都是獨生子女，也多是父母的夥伴。手足出生後，這些長子長女便從爸媽的夥伴，轉型成爸媽的小幫手，協助緩解爸媽的壓力。但是隨之而來的責任與標籤，也讓身為長子長女的他們無所適從。

多數親子教養文章，會將之視為孩子在爭取關注與寵愛，忽略了排行在前的孩子，其實面臨了角色分工的劇烈轉變：第一個出生的孩子，從爸媽唯一的小孩，變成了哥哥、姊姊，同時，也因為身分的轉變，被賦予了新的責任。

第一胎生男或生女？

這樣的責任，卻也有性別差異。

有些父母傾向第一胎生女兒，因為他們覺得女兒比較顧家、比較會照顧弟弟妹妹，即使只生一個女兒而沒有其他手足，在未來，女兒也比兒子更可能照顧他們的老年。

但對於長女來說，這無疑是沉重的負擔。於是，隨著手足的出生與時間的變化，長女的角色可能從獨生女變成阿信、鍾無艷，甚至在父母老後變成看護。而沒有長女的家庭，當問題發生時，也會讓家庭內具有「長女性格」的人，承擔起多數責任，來維持家庭的基本運作。

如同前面幾章提到的，長女常被期待要協助父母照顧弟妹，並且，由於是最大的小孩以及跟父母相處時間最長的緣故，也常被預設凡事都要顧及父母的心情。因為是最大的小孩，所以要當弟妹的榜樣、要懂得體諒爸媽，要幫忙照顧弟妹。

當爸媽不在時，最長的孩子（通常是長女）就會被指派各種任務，例如張羅弟弟妹妹的餐點、帶他們去玩、幫弟弟妹妹洗澡，甚至是盯他們寫功課、睡覺等等。因為被賦予許多任務，很多長子長女學會了家中事務的安排與管理知識，並且在爸媽回家後，負責匯報整天的行程以及弟弟妹妹的狀態給爸媽知道。

這樣的行為模式，也讓很多大孩子早早扛起了責任，甚至能夠精準安排並管理行程。在他們長大進入學校、職場以後，便依照過去在家中的行為模式，對主管跟同事的狀態察言觀色；而在事情失誤無人承接時，習慣性地主動承擔，造就了長女很常成為職場中，背負最多責任且過勞的那個人。

隨著時間流逝，父母漸漸年邁，父母首先想到能夠照顧自己的，也多半是長女，或是女兒。而從小到大習慣這種行為模式的長女，也有很大機率再度擔起照顧的責任，因為弟弟妹妹永遠都是弟弟妹妹，而自己永遠都是家裡最大的孩子。身為長女的她們，依循過去體貼、懂事、聽話的準則，再度扛起責任。

「沒辦法，誰叫我是最大的（女兒）」，就成為我常常聽到，來自我的媽媽、阿姨、姑姑，以及我身邊長女朋友，莫可奈何的一句話。

2 齊心協力的手足

長女的困境，並非無法可解。

解決問題的關鍵，就是回到家庭排序，回到「手足」這些角色。

手足出生後，會讓獨生子女變成長子長女，因此角色的改變關鍵，也是手足。家庭的責任一直都在，不會消失，而父母或是子女，首先要認知到，無論家庭排序在前或在後，是長女或者是么妹，都是小孩，也都可以是跟著爸媽一起挑戰世界的夥伴。沒有誰是唯一的夥伴，不是先出生的就要懂事。這些早些誕生的哥哥姊姊，他們可以是經驗傳承者，就像遊戲中剛加入的玩家會進入新手村，而最大的小孩，其實就像是新手村的教練，傳授經驗，然後，跟著後來者一起打怪。

翻轉長幼有序的觀念

我們真正需要的，是翻轉長幼有序這個想法。

長幼應該只是排序，不是責任的歸屬，長、幼都是夥伴，手足彼此齊心協力、共同努力，把過去加諸在長女長子身上的責任卸除，讓長女長子不再是一道枷鎖、一個標籤，而是與弟弟妹妹共同挑戰困難的勇士團隊。

最大的孩子傳遞經驗給弟弟妹妹，而弟弟妹妹則帶著哥哥姊姊去更新對世界的想像與認識。大家都是爸媽的孩子，也同樣是家族的成員，更是並肩作戰的夥伴。

當我們確立了長幼只是先來後到的差別、兄弟姊妹是夥伴關係後；更進一步，過去被父母賦予較重責任與期待的哥哥、姊姊，也應該讓爸媽知道，過去他們的懂事成熟，以及被認為應盡的本分，都不是那麼絕對，也不應該只是他們的責任。我們需要讓身為哥哥姊姊的人，從過去的角色中釋放出來，並且讓所有家庭成員重新省思家庭責任的歸屬，未來，當父母年邁需要照顧時，也才能真正認知到，照顧責任是所有手足必須一起承擔的。

長女、長子，只是先出生而已。

無論過去還是現在，只要此刻把長女、把女性的各項責任放下，那麼，長女就將只是個排序，而不是責任的歸屬者。

媽媽是大家的媽媽，不是大姊一個人的媽媽

我在手機上看到妹妹圖畫的那一天，我們四個兄弟姊妹約了一頓火鍋。大妹說：「我們現在來討論，如果媽媽要換肝的話，應該要怎麼分工。媽媽是大家的媽媽，不是大姊一個人的媽媽。」弟弟妹妹也覆議。

我們拿起菜單，翻到背面的空白處，從術前的檢查、動手術的關鍵轉折要點、誰負責捐肝，到術後的保養、所需的金錢，以及可能導致的問題，像是捐贈者的職涯規劃等等，一項一項寫下來。

看著一條條列舉出來的項目，我很感動，也開玩笑地說：「真是多虧以前弟弟生病，大家都要輪流去醫院照顧，我們好像比其他人更懂住院的流程跟花費。」

弟弟妹妹則異口同聲說：「我們大家都很熟練啊，以前我們都能輪流照顧弟弟，現在換成媽媽，也可以分工，不會都要你扛啦。」

「但你比較喜歡賺錢也賺得多，想要多扛，我們都不反對喔。」小妹補充。

「可以，沒問題。我真慶幸，我們家有四個小孩可以一起承擔事情。」我接著說，希望向弟弟妹妹表達我的感謝。

「所以，你不要想著自己扛啦，又不是超人，你倒了，我們才真的會扛不起來，懂？」大妹斜眼瞪了我一下，彷彿提醒著我，不要陷入長女情結，把所有責任都扛起來。

很幸運的是，後來媽媽不需要換肝，而那筆存下來的錢，雖然不多，但我們都拿去吃吃喝喝慶功了。

從那一天在火鍋店的媽媽換肝作戰會議後，往後只要遇到重大的事情，我們都會聚集起來，一起討論解決的方式。當然，弟弟妹妹也還是會開玩笑地說：「你是大姊，多出一點，可以吧？」

3 正確的小孩使用手冊

不只我跟弟弟妹妹開始學會共同承擔責任，我們也把媽媽加入討論的行列，讓她一起參與重要事務。

這是因為媽媽很多時候還是依照過去的慣例，大事只與我商量，並且期待我可以承擔起責任。然而，在我陸陸續續把尋求心理諮商的經驗分享給弟弟妹妹，並且練習放下責任、尋求協助以後，弟弟妹妹也決定配合我，來改變媽媽的行為模式，目的是讓媽媽理解到，我們四個手足都是獨立的個體，也都長大成人在賺錢了，每個孩子都能扛起責任，也能相互分工解決事情。

更重要的原因，媽媽只是自然變老，而變老從來不是排除責任、置身事外的理由，媽媽還是要參與家庭事務的討論，這樣她也能夠獲得歸屬感。

印象最深刻的是，有次討論媽媽年老以後的照顧責任時，媽媽說：「你們弟弟以後一定會結婚，有自己的家庭要照顧，負擔會比較重。媽媽老了以後，就要靠你們三個女兒了。但媽媽也不能讓你們沒有家住，都是我的小孩，所以媽媽才把離婚拿到的財產都拿出來，給你們三姊妹買房子，要讓你們有娘家，有依靠。」

我們還沒說話，弟弟就說：「媽媽，你這樣說很奇怪，我也是你的小孩，我也有責任養你，不能因為姊姊跟妹妹不想結婚，就應該負責照顧你，你這樣也是重男輕女吧？如果你只有我一個小孩，我又結婚，你要怎麼辦？」

媽媽被弟弟嚇到，說：「我會自己想辦法，可能去住安養院吧。」

「對，那為什麼輪到姊姊跟妹妹，你就覺得她們應該要照顧你。而不管你有幾個小孩，你都沒有想到要我照顧？」

弟弟的這番言論，其實也反映了我們當下身處的社會，不得不嚴肅以對的長照議題。隨著時代的進步，台灣兩性在公民參與、教育資源及各種領域中，已經逐漸取得比以往更趨近於平等的選擇。然而，在照顧父母這件事情上，卻仍舊是女性的責任居多，這也意味著，同樣面臨父母長照壓力，男性更容易被排除在外，而女性則被想像得很刻板。

破除對女兒與兒子的差別期待

近年來，對於家庭的想像已經產生轉變，當代很多父母不像過去傳統社會那樣，堅持跟兒子住一起，也不會預期媳婦照顧公婆。許多父母甚至會把「以後不跟兒子一起住」作為開明的表現，來增加孩子在婚配市場的價值。

然而，這是在只有兒子時，才比較容易發生的狀況。當家裡同時有兒子跟女兒時，情況就不同了。

一個國家的女性教育程度越高，通常晚婚、不婚的比例也會隨之上升。這是由於女性擁有獨立自主的可能性，不一定需要透過婚姻來安身立命。這樣的發展趨勢，也成為了父母在養老規畫中重要的替代方案，因此，「生女兒」就是幫自己生一個未來的長照員。

面對照顧上的重女輕男，除了手足之間要彼此互助之外，社會也要引導父母了解、正視自己對於不同性別孩子的期待差異，並且試著破除這樣的差別對待。無論是兒子或女兒，不管未婚或已婚，在退休養老規畫中，都應該一視同仁。唯有父母也修正自己的態度跟期待，公平地與子女商量未來的照顧需求，才能避免手足間因為照顧責任的不公平分配而產生嫌隙，進而加劇了女性在社會中的弱勢處境。

4 長女，不只是女兒而已

這幾年來，原生家庭創傷與療癒的題材，在台灣社會掀起了熱烈的討論。一句「幸運的人用童年治癒一生，不幸的人用一生治癒童年」蔚為流傳，很多人也開始探討自己現在的行為模式與心理狀態，是不是要回到原生家庭去找答案。

好幾本關於原生家庭創傷的書，屢屢登上實體書店跟網路書店的暢銷榜，其中，與母親關係的書籍，佔據了很高的比例。有些討論不被愛的女兒如何自處，[1]有些作品書寫活在母親陰影下要怎麼走出自我，[2]也有作者認為女兒是吸收媽媽的情緒長大的，[3]更有書籍直言不諱的說，母親是一種病，是現代很多心靈問題的起源。[4]

我認為，女兒，特別是長女，一生中，一定要和母親來場對話。

因為，長女不只是女兒，長女與母親的關係，是一個家庭運作模式的關鍵。

媽媽與長女註定弱弱相殘？

多年以前，我跟好友曉樂聊到自己的悲慘過去，她說她整個青春時代都在幫家裡還債，到了二十六歲，終於還完了，而那時候，憂鬱症卻找上她。

正如許多承擔家裡壓力的孩子一樣，當壓在身上的壓力克服以後，過去咬牙努力的自己，那一刻反而必須重新找到生存的意義。最後，朋友把她帶出國看美麗的風景、去鳥不生蛋的地方冷個半死。有一天，她打電話跟媽媽說：「謝謝你生下我」。電話那頭，是媽媽大哭的聲音。

我們都知道，媽媽與長女的互相折磨，是一種弱弱相殘，是為了承擔家中其他成員，可能是丈夫，可能是爸爸的擺爛。於是，兩個人只好彼此怪罪。但是，母女彼此也知道，對方就是自己最重要的夥伴，比起失能的另一半，是旁邊這個女兒，跟自己一起撐起家庭的。

但是，對於被迫從小孩角色轉為夥伴角色的長女來說，這樣的轉變沒有徵兆，也漸漸讓她們以為，自己應該就是媽媽的延伸。所以，很多長女在長大後，花費大量的時間、金錢去找尋找作為小孩、作為女兒的失落來源，也應運而生許多書籍、身心靈課程等，討論如何把自己重新養起來。

愛自己，就是把自己當女兒養

我曾經在網路上發表一篇文章，標題是〈愛自己，就是把自己當女兒養〉，這篇文章獲得熱烈討論。非常多人留言、私訊告訴我，她們作為女兒的痛苦與失落。她們多數有不配得感、缺乏愛、不懂愛自己；所以，在職場上屢屢透過積極表現，希望獲得青睞；而在情場上則是委曲求全，希望成為對方的唯一。

這些身處在當代，多數年齡落在三、四十歲的女兒們，她們想愛自己，想把自己養回來。或者，這樣說好了，她們想要用理想中養女兒應有的方式，把自己養起來，從根本與自己和解，告訴自己：你是值得被愛的。

這篇文章之所以引起共鳴，其實就是女兒與母親的關係產生變化後，所導致的情形。因此，最關鍵的是在把自己重新養起來的過程中，讓媽媽重新當回母親，盡到母親的責任，用母親的角色與女兒重新互動，回到原生家庭去止血療傷。

我想，可能很多女兒，期待這一刻已經很久了。

這不是一種對母親的宣戰，恰恰相反，實行這種行為的女兒，是希望她們的媽媽，也能夠這樣去對待她們自己，重新回歸女兒的角色，把自己養起來。

身為長女，身為女兒，或許不是我們所能選擇，但我衷心希望，透過討論長女、女兒的角色，可以讓大家發現當代社會，無論在家庭、職場，以及長照議題中，隱蔽在其中，屬於家庭排序、屬於女性的觀點。並且，進一步找出可能的解決方法，然後，就去做吧！

這個世代，是討論性別與家庭排序對於個人與社會產生的影響，最好的年代。也是把母親跟女兒從對立中釋放，最好的時刻。

這就是這本書想要達成的目標，也是我想要為同樣身為長女、女兒的朋友、以及父母、手足、家庭、職場，還有社會說的話：

「社會仍舊需要女兒這個家庭角色，以及傳統她被賦予的責任；然而，這些任務應該平等分配到每個家庭成員身上，因為每個人都具備解決問題以及承擔責任的能力。」

身為長女，不必背負天生要扛責任的原罪，我們只是先比其他手足來到這個世界享受生命的幸運女性。

1 凱倫．安德森（2023）。不被愛的女兒：別受困在無法和解、修復的母女關係裡，不必勉強自己成為母親滿意的女兒（陳采瑛譯）。遠流出版。

2 凱莉爾．麥克布萊德（2018）。媽媽的公主病：活在母親陰影中的女兒，如何走出自我？（馬勵譯）。橡樹林。

3 朴又蘭（2021）。女兒是吸收媽媽情緒長大的：獻給世上所有女兒、母親、女性的自我修復心理學（林侑毅譯）。悅知文化。

4 岡田尊司（2021）。母親這種病（張婷婷譯）。時報出版。

後記

給媽媽的一封信

媽媽，你今年五十八歲了，三十六年前，你生下我，有後悔嗎？

你說過你不後悔，我卻說過我很後悔被你生下來，因為過去好累好累，我只好怪你了。

在這裡，我想跟你說，你辛苦了，謝謝你。

我們一路辛苦過來，在不同的時空背景下，犧牲了好多，委屈了好久。

我比你幸運，我還年輕，因為你的堅持讓我可以持續升學。現在的我，有一份穩定的工作，有自己的事業，還跟妹妹們一起買了房子，有個安定的家。

我想，這三十六年來，或者，從你出生開始，你一路上辛苦了。

但我希望啊，媽媽你能找回自信。你很厲害，我希望你知道。你勇敢地離婚，離開不適合的關係；努力把我們四個小孩拉拔長大，還戰勝了病魔。現在，你有了朋友，有一份工作，以及被肯定的工作能力。而且，你最幸運的是，有我們這四個小孩，彼此還相親相愛。

過去你以為你做不到的，以為只能靠丈夫、小孩的，你都做到了，你，是靠自己做到的。

我們相差二十二歲，但年齡不是你追求夢想的阻礙，你隨時都能去追逐幸福。我能達到的成就，也是你可以達成的未來。

以前，我們為了家庭而犧牲，你可能覺得虧欠我，我也覺得虧欠你，彼此相欠債才來當母女。但是，現在我們可以牽手向前，做回女兒、做回自己。在這個過程中，免不了有碰撞、相互折磨或怨懟，但我們，都應該是我們。

你是鄭小姐，我是張小姐，我們是母女，都是長女，還是夥伴，最重要的，我們就是我們自己。

Misfits 33

長女病
我們不是天生愛扛責任，台灣跨世代女兒的故事

作　　者　張慧慈
責任編輯　李晏甄
編輯協力　陳琬蓉
封面設計　Dinner
內頁設計　丸同連合
專案行銷　朱翊寧

印　　刷　漢藝有限公司
初版一刷　2025年4月1日
初版七刷　2025年9月17日
定　　價　450元
I S B N　978-626-99174-8-8（平裝）
978-626-99174-9-5（EPUB）

出 版 者　游擊文化股份有限公司
網　　站　https://guerrillalibratory.wordpress.com
電子信箱　guerrilla.service@gmail.com
Facebook　www.facebook.com/guerrillapublishing2014
Instagram　@guerrilla
法律顧問　王慕寧律師

本書如有破損、缺頁或裝訂錯誤，請聯繫總經銷
總 經 銷　前衛出版社＆草根出版公司
地　　址　104臺北市中山區農安街153號4樓之3
電　　話　(02) 2586-5708
傳　　真　(02) 2586-3758

本書獲文化部青年創作補助

國家圖書館出版品預行編目(CIP)資料

長女病：我們不是天生愛扛責任，台灣跨世代女兒的故事／張慧慈著；初版.
臺北市：游擊文化：2025.4
15×21公分（Misfits 33）
ISBN　978-626-99174-8-8（平裝）
1.CST：家庭關係　2.CST：親子關係　3.CST：子女
544.14